Körpersprache

Tiziana Bruno
Gregor Adamczyk

3. Auflage

HAUFE.

Inhalt

Teil 1: Praxiswissen Körpersprache

Teil 2: Training Körpersprache

Vorwort

Körpersprache, ach ja, lächeln und darauf achten, wie man dasteht und solche Dinge - das ist ein gängiges Vorurteil. Doch dann kriegt man den Job nicht, obwohl man die besten Qualifikationen hat, der neue Chef ist einem einfach unsympathisch und man weiß nicht, wieso, und beim Mitarbeitergespräch hat man das Gefühl, gegen eine Wand zu reden ...

Körpersprache ist eines der letzten Geheimnisse unserer sachorientierten Berufswelt. Denn kein Mensch kann losgelöst von seinem Körper agieren. Der Körper drückt aus, was wir sind und bildet unser Verhältnis zur Welt ab. Deshalb benutzen wir Körpersprache Tag für Tag ganz selbstverständlich und unterschätzen oft ihre Wirkung. Die Körpersprache eines Menschen verrät uns mehr über seine innere Haltung als die gesprochene Sprache. Wenn Sie die Körpersignale des Gegenübers wahrnehmen und deuten, können Sie sich selbst und die anderen besser verstehen, entsprechend reagieren und Begegnungen positiv gestalten.

In diesem TaschenGuide lernen Sie die körpersprachlichen Signale wahrzunehmen, zu deuten und sie gezielt in beruflichen Situationen einzusetzen. Im ersten Teil erfahren Sie, was Körpersprache ausmacht und was Sie für Ihren Auftritt im Berufsleben wissen sollten, damit Sie authentisch und überzeugend wirken. Im zweiten Teil haben wir Übungen für Sie zusammengestellt, mit denen Sie Ihre Körpersprache trainieren können.

Tiziana Bruno und Gregor Adamczyk

Was ist Körpersprache?

Körpersprache hat mehr Macht über uns als wir glauben, meistens unterschätzen wir ihre Wirkung. Warum? Weil wir sie unbewusst wahrnehmen und einsetzen. Ähnlich wie unsere gesprochene Sprache kann man Körpersprache aber lernen, sie bewusst wahrnehmen und verstehen.

In diesem Kapitel lesen Sie,

- warum Körpersprache so stark auf uns alle wirkt (S. 8),
- was Sie beachten sollten, wenn Sie Körpersprache deuten wollen (S. 11), und
- was Körpersprache mit Manipulation zu tun hat (S. 17).

Die unverfälschte Sprache

Beispiel: Wenn die Botschaft nicht ankommt

Herr Kern, seit vielen Jahren Führungskraft auf der obersten Ebene, hält eine Rede vor seinen Mitarbeitern. Es geht um ein äußerst wichtiges Projekt: neue Organisationsstrukturen sollen eingeführt und Hierarchieebenen zusammengelegt werden. Der Inhalt seiner Rede klingt logisch und seine Folienpräsentation ist nach allen Regeln der Kunst aufgebaut.

Während der Rede verschränkt er die Arme, zieht immer wieder seine Schultern hoch und rührt sich nicht vom Fleck. Seine Stimme klingt monoton und sein Blick ist starr. Die Mitarbeiter folgen seinen Ausführungen, doch sie fühlen sich nicht angesprochen. Sie lehnen sich mit verschränkten Armen zurück, senken kritisch den Kopf und runzeln die Stirn.

Während der Präsentation und noch einige Tage später beschleicht Herrn Kern das Gefühl, dass die Botschaft seine Mitarbeiter nicht erreicht hat. Als die Implementierung der neuen Strukturen dann nur sehr schleppend vorangeht, ist Herr Kern besorgt um den Erfolg des Projekts und fragt sich: „Was habe ich falsch gemacht? Habe ich etwas übersehen?"

Der Einfluss der Körpersprache

Herr Kern hat die Macht der Körpersprache unterschätzt: Obwohl ihm der Inhalt seiner Rede sehr wichtig war und er die Rede inhaltlich gut vorbereitet hatte, sendete sein Körper völlig andere Signale. Seine Körperhaltung drückte Verschlossenheit aus, seine Gesten waren sparsam und sie stimmten nicht mit der Idee der Veränderung überein - sie strahlten weder Risikobereitschaft noch Begeisterung aus. Herr Kern wirkte steif und ohne Energie. Die Mitarbeiter begannen sich unwohl zu fühlen. Sie bekamen den Eindruck, Herr Kern würde selbst nicht hinter den Veränderungen stehen. Hätte Herr Kern die Körpersprache seiner Mitarbeiter zu deuten gewusst, hätte er darauf reagieren können.

> Körpersprache erzählt uns oft mehr über Emotionen und die innere Haltung eines Menschen als die gesprochene Sprache.

Körpersprache ist unsere erste und unverfälschte Sprache. Sobald wir gelernt haben mit Worten umzugehen, messen wir der Körpersprache *bewusst* keine große Bedeutung mehr bei. Doch unsere erste Sprache ist viel mächtiger als wir es annehmen. Sie lässt sich nicht verdrängen und wirkt auf den ungeübten Beobachter stärker als Worte. Dem geübten Beobachter kann sie viel über uns verraten.

Der Psychologe Albert Mehrabian fand in einer wissenschaftlichen Untersuchung heraus, von welchen Faktoren die Wirkung einer gesprochenen Botschaft abhängt. Es sind drei: der Inhalt des Gesagten mit 7 %, Körpersprache mit 55 %, Stimme und Sprechtechnik mit 38 %. Dieses erstaunliche Ergebnis zeigt, wie einflussreich körpersprachliche Äußerungen sind, wenn sich Menschen begegnen.

Die Macht des ersten Eindrucks

Stellen Sie sich vor, eine Ihnen nicht persönlich bekannte Person betritt den Raum. Sie begrüßen sich, sprechen ein paar Sätze und setzen sich. Es sind erst einige Sekunden vergangen, seitdem Sie sich begegnet sind, doch es waren sehr wichtige Sekunden.

- Wie ist die Person in den Raum getreten? Selbstbewusst oder eher zögerlich?
- Hat sie gelächelt oder waren die Stirnrunzeln vom letzten Telefonat noch da?
- Welche Wirkung hatte sie auf Sie?

Dies und noch mehr nehmen wir in den ersten Sekunden einer Begegnung unbewusst wahr. Wir registrieren intuitiv Aussehen, Kleidung, Mimik, Körperhaltung oder den Klang der Stimme des anderen. Vor vielen Jahrtausenden war dieser erste Eindruck äußerst wichtig, denn die Menschen mussten in diesem Moment sofort einschätzen, ob sie dem Fremden vertrauen können. Seither hat sich im Grunde nicht viel verändert. Die Kommunikationstechnologie hat zwar einen rasanten Fortschritt erlebt – wir müssen uns nicht mehr persönlich kennen lernen, um Informationen auszutauschen – aber wenn wir uns direkt gegenüber treten, kann der erste Eindruck – nicht nur der ersten Sekunden, sondern der ersten Begegnung – eine wichtige, manchmal verhängnisvolle Rolle spielen.

Beispiel: Der erste Eindruck überzeugt nicht

Herr Weinberger ist ein kompetenter Versicherungsfachvertreter und besucht einen neuen Kunden, Herrn Baumann. Herr Weinberger hat in letzter Zeit viel gearbeitet, er wirkt erschöpft und gereizt. Im Gespräch mit dem Kunden hört er nicht richtig zu, rückt nervös auf dem Stuhl hin und her, und wenn er spricht, macht er ausladende und hektische Gesten. Nach dem Gespräch verabschiedet er sich hastig. Obwohl Herr Baumann alle Informationen bekommt, die er benötigt, fühlt er sich während des Gesprächs sichtlich unwohl, er weiß aber nicht, wieso. Er weiß jedoch, dass er bei Herrn Weinberger keine Versicherung abschließen wird.

Auf den ersten Eindruck kommt es im Berufsalltag häufig an: beim Vorstellungsgespräch, beim ersten Kundenkontakt oder beim Neubeginn in einem Unternehmen oder einem Team. Die körpersprachlichen Signale des anderen geben uns bei diesen ersten Treffen Orientierung. Wer diese Signale einerseits wahrnimmt und richtig interpretiert und andererseits sein Bewusstsein für die eigenen Signale schärft, der ist der Macht des ersten Eindrucks nicht mehr ausgeliefert, sondern kann ihn bewusst gestalten. Die ersten Sekunden sind hierbei besonders wichtig - denn ob jemand zögerlich eintritt, dabei lächelt oder die Stirne runzelt, stellt oft die Weichen für die gesamte restliche Begegnung.

> Bei der ersten Begegnung besitzen Sie über Ihr Gegenüber nur wenige Informationen und Sie haben noch keine Beziehung aufgebaut. Körpersprache ist Ihre erste Orientierungshilfe.

Was heißt, Körpersprache verstehen?

Körpersprache ist ein unterschätzter Teil der Kommunikation. Wer seine Wahrnehmung für die Körpersprache der anderen schärft, wird bald feststellen, dass der Körperausdruck sehr viel über die Innenwelt des andern aussagen kann: Körpersprache lässt das Unsichtbare und Ungesagte, nämlich Gedanken, Motive und Haltungen sichtbar werden.

Den ganzen Menschen sehen

Doch sollten Sie nicht der Verführung eines Zauberlehrlings erliegen, der meint, die Formel für Menschenkenntnis zu besitzen. Machen Sie sich vielmehr bewusst, dass jeder Mensch einzigartig in seinen Bewegungen ist und das Zusammenspiel der physischen und psychischen Ausdrucksformen komplex ist. Beim Verstehen der Körpersprache kann es deshalb nicht darum gehen, von einem einzigen körpersprachlichen Signal auf den ganzen Menschen zu schließen.

Die körpersprachlichen Ausdrucksformen sind komplex, eine Geste oder ein Blick lässt sich nur dann verstehen, wenn man sie zu anderen Signalen, die man beobachtet, in Beziehung setzt: Viele Gesten, unterschiedliche Körperhaltungen und die Dynamik der Bewegungen ergeben ein Ganzes. Deshalb heißt es ja Körper*sprache*. Wie unsere gesprochene Sprache setzt sich nämlich auch diese im übertragenen Sinn zusammen aus Worten, Sätzen, Pausen und vielem mehr.

Wir möchten Ihnen dies an einem Beispiel veranschaulichen: an den berühmten verschränkten Armen. Wer empfindet es nicht als negativ, wenn ihm sein Gesprächspartner so gegenübersteht? Schauen Sie sich doch einmal folgende Fotos an – wie wirkt der Herr auf Sie?

Auf dem linken Bild abweisend und auf dem rechten Bild eher erfreut, fast verschmitzt, auf jeden Fall nicht unsympathisch? Sie sehen, die verschränkten Arme wirken auf uns nur im Zusammenspiel mit Körperhaltung und Mimik – und dann können sie völlig unterschiedlich wirken.

Die individuelle Situation einbeziehen

Genauso komplex wie die Vielfalt des körperlichen Ausdrucks ist das Zusammenspiel von Körper und Situation: Es kommt immer darauf an, wo und wann wir uns begegnen. Ist es früher Morgen oder später Abend? Sind wir bei jemandem zu Gast oder empfangen wir jemanden auf unserem „Territorium" im Büro? Oder vielleicht findet das Treffen auf einem neutralen Gebiet, etwa beim Geschäftsessen im Restaurant, statt? Kennen wir unser Gegenüber schon länger, können wir uns sogar „gehen lassen" oder treffen wir uns zum ersten Mal und es handelt sich dabei um eine zukunftsweisende Produktpräsentation oder eine knallharte Verhandlung?

Menschen agieren unterschiedlich, abhängig von den Voraussetzungen, Einflüssen und Zielen der Situation. Deshalb sollten Sie immer versuchen, eine Geste oder eine Körperhaltung Ihres Gegenübers im Zusammenhang mit der jeweiligen Situation zu verstehen.

Beispiel: Mit den Armen schützen

Mitte Dezember. Die Mitglieder der Projektgruppe „Mehr Kundenorientierung" besprechen die weitere Vorgehensweise. Frau Ammann, die Teamleiterin, sitzt leicht in sich zusammen gesunken und mit verschränkten Armen in der Runde.

Ein Mitarbeitergespräch. Der Vorgesetzte von Frau Ammann bespricht mit ihr das stockende Vorwärtskommen des Projekts. Frau Ammann sitzt ihm mit verschränkten Armen gegenüber und verzieht keine Miene.

Projektpräsentation im Unternehmen. Frau Ammann hat den erfolgreichen Abschluss ihres Projekts vorgestellt. Das über lange Zeit angelegte Projekt ist hervorragend gelaufen, sie erntet viel Lob von Kollegen und Vorgesetzten. Sie lehnt sich zufrieden zurück und verschränkt die Arme.

Drei Situationen, drei unterschiedliche Anlässe, die Arme zu verschränken. Ob sie nun friert, ob sie Kritik abwehrt oder sich freut – Frau Ammann führt die gleiche Geste aus.

Bevor Sie eine einzelne Geste interpretieren, bedenken Sie: Oft erschließt sich ihre Bedeutung nur im Zusammenhang mit anderen Gesten und im Zusammenhang mit der Situation.

Die Perspektive ändern

Körpersprachliche Signale zu verstehen heißt also letztlich, die eigene Perspektive zu ändern. Ein paar körpersprachliche Tricks, die helfen könnten, leichter einen Verkaufsabschluss zu erzielen oder Mitarbeiter besser zu motivieren, stellen keinen so großen Wert dar wie diese Änderung der Sichtweise: Wenn Sie Ihre Wahrnehmung schärfen und sich zugleich stets der Vielfalt der menschlichen Beweggründe und Ausdrucksweisen bewusst sind, werden Sie Menschen wahrnehmen und besser einschätzen können. Natürlich werden Sie dadurch auch für Ihre eigene Körpersprache sensibel und können diese authentisch und überzeugend einsetzen.

Der Kreislauf der Körpersprache

Um Menschen und Situationen besser zu verstehen, ist es hilfreich, Körpersprache wahrzunehmen und deuten zu können. Dann kann man darauf reagieren, die Situation gegebenenfalls ändern und die veränderte Situation wiederum wahrnehmen. Somit schließt sich der Kreislauf von Aktion und Reaktion:

1 Wahrnehmen der Körpersignale

2 Verstehen der gesendeten Signale

3 Reagieren auf die Signale

4 Wahrnehmen der veränderten Situation

Das Wissen über diesen Kreislauf gibt uns die Möglichkeit, selbst aktiv zu werden und sich nicht der Macht der Körpersprache auszuliefern.

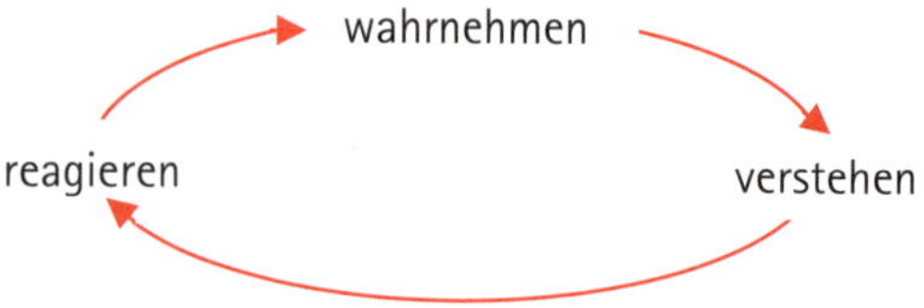

Das heißt: Wir können aktiv und nicht – wie bisher – unbewusst die Signale der anderen wahrnehmen. Wir vergleichen sie mit dem vagen Gefühl, das wir oft schon längst seit Beginn der Begegnung hatten. Wir gleichen sie mit anderen körpersprachlichen Signalen ab und mit den Informationen über die jeweilige Situation. Das ermöglicht uns, Körpersprache zu verstehen. Dank der wertvollen Informationen, die der Körperausdruck des Gesprächspartners auf diese Weise liefert, können Sie entsprechend reagieren – indem Sie nachfragen oder Ihre eigene Körpersprache oder das, was Sie sagen, korrigieren – und beispielsweise eine verfahrene Situation verändern. Wie Sie das machen können, erfahren Sie auf S. 28 und im Kapitel „Wie Sie Körpersprache gezielt einsetzen" ab S. 77.

Natürlich ermöglicht Ihnen das Verständnis der körpersprachlichen Signale und ihrer Wirkung auch, Ihre eigene Körpersprache bewusster einzusetzen und damit die Wirkung Ihrer Worte und Ihrer Person auf andere zu verstärken oder sogar zu verändern, sei es in Vorstellungsgesprächen, bei Vorträgen oder in wichtigen Besprechungen.

Die häufigsten Fragen zur Körpersprache

Kann ich mit körpersprachlichen Tricks andere manipulieren?

Ja. Körpersprache ist eine Sprache und genauso wie Sie mit Worten manipulieren können, können Sie auch mit körpersprachlichen Signalen manipulieren. Sie müssen selbst entscheiden, zu welchen Zwecken Sie Körpersprache einsetzen wollen. Die Gefahr besteht immer, dass man Ihnen auf die Schliche kommt.

Kann ich mich gegen Manipulation wehren?

Die Manipulation der Körpersprache erfolgt vor allem auf der emotionalen Ebene: Man möchte z. B. Nähe und Vertrauen herstellen, Offenheit vortäuschen oder Souveränität vorspielen. Sollten Sie den Verdacht schöpfen, Ihr Gesprächspartner wolle Sie manipulieren, versuchen Sie das Gespräch wieder auf die sachliche Ebene zu führen. Stellen Sie fest, ob jemand nur eine Wirkung erzielen will oder von echter Überzeugung geleitet wird.

Kann ich an der Körpersprache meines Gegenübers erkennen, dass er lügt?

Körpersignale können nur Indizien dafür liefern, dass Ihr Gegenüber lügt. Wenn sich jemand z. B. während einer Aussage oft umsieht oder seinen Mund bedeckt, muss das nicht automatisch auf eine Lüge hindeuten. Vergessen Sie nicht, dass Sie die Gesten nicht isoliert von der Gesamtsituation interpretieren können. Hegen Sie trotzdem Verdacht, dass Ihr Gegenüber lügt, fragen Sie ruhig nach. Sollten Sie selbst in eine Situation geraten, lügen zu müssen, z. B. wenn ein Dieb nach Ihrem Geldbeutel fragt, vermeiden Sie jede nervöse Handgeste, die zum Gesicht führt. Bleiben Sie ruhig und entspannt, öffnen Sie Ihre Arme, zeigen Sie Ihre Handflächen und lügen Sie, z. B. dass Sie leider gerade eben bestohlen worden sind und auf dem Weg zur Polizei sind.

Kann ich Gesten erlernen?

Ja. Denken Sie aber daran, wenn Sie eine neue Geste ausprobieren, dass Ihre innere Haltung mit der Geste übereinstimmen sollte. Jedes Mal, wenn Sie eine Geste lernen, versuchen Sie sich klar zu machen, was Sie vermitteln wollen und welche Motive Sie bewegen.

Bin ich, wenn ich Körpersprache beherrsche, beim anderen Geschlecht erfolgreicher?

Ja. Werben und Flirten basiert vor allem auf körpersprachlichen Signalen: Augenkontakt aufnehmen, lächeln, mit der Hand durchs Haar fahren oder das Hochziehen der Augenbrauen als Zeichen von Interesse. Das Verstehen dieser Signale kann Ihnen helfen, Kontakt aufzunehmen, und später können Sie auch besser die Bedürfnisse des anderen erkennen und auf ihn eingehen.

Körpersprachliche Signale verstehen

Jeder von uns hat seine ihm eigene Art zu stehen und zu gehen, zu blicken und zu gestikulieren. Trotzdem lassen sich Gemeinsamkeiten feststellen. Bestimmte körpersprachliche Signale lassen auf bestimmte innere Haltungen, Gedanken und Gefühle schließen. Unser Körper verrät uns!

In diesem Kapitel lesen Sie alles über

- Körperhaltung und Gangarten (S. 20),
- Mimik (S. 30) und Gestik (S. 36),
- Stimme und Tonfall (S. 45),
- Status (S. 48) und Territorien (S. 56),
- die verschiedenen Körpertypen (S. 59).

Körperhaltung und Gangarten

Stellen Sie sich vor, dass ein eingeschüchterter oder lustloser Mensch vor Ihnen steht. Was sehen Sie? Vermutlich einen leicht gebeugten Oberkörper, hängende Schultern, einen schleppenden Gang. Sie wissen nämlich intuitiv, wie Körperhaltung und Gangart mit unserer inneren Verfassung zusammenhängen.

Die Körperhaltung

Die Körperhaltung eines Menschen drückt seine innere Haltung aus. Aus der Körperhaltung kann man erkennen, in welcher emotionalen Verfassung sich das Gegenüber befindet. Natürlich nehmen wir nicht nur die Körperhaltung wahr, sondern auch das Zusammenspiel von Mimik, Gestik und Stimme.

In der Körpersprache sprechen wir statt von „richtig" oder „falsch" lieber von einer überspannten oder einer unterspannten Körperhaltung und von einer offenen oder geschlossenen Körperhaltung.

Überspannte Haltung

Wer einmal die angespannte Haltung eines Bogenschützen beobachtet hat, weiß, dass sein ganzer Körper sich auf eine einzige Aufgabe konzentrieren muss: Alle Muskeln des Sportlers sind bis zum Äußersten angespannt und sollte er den Pfeil nicht im richtigen Moment loslassen, würden seine Muskeln anfangen, sich zu verkrampfen. Er würde den richtigen

Augenblick verpassen und von neuem anfangen müssen, den Bogen zu spannen.

Oft, wenn wir unter starkem Druck stehen, und vielleicht noch nach außen signalisieren wollen, dass wir jede von uns erwartete Leistung erbringen können, spannt sich unser Körper wie der eines Bogenschützen an. Was für den Augenblick einer Anstrengung gut ist, wird auf die Dauer ein Krampf:

- Die Muskeln sind immer ange- angespannt, die Mimik unbeweglich und der Blick starr.
- Kopf und Oberkörper sind nach hinten gedrückt, dadurch werden die Halsmuskeln angespannt.
- Das Becken wird nach vorne geschoben. Die Knie sind durchgestreckt und die Füße fest verschlossen.
- Unsere Wahrnehmungsfähigkeit verringert sich. Unsere Sinne können auf die Außenwelt kaum reagieren.
- Wir wirken angespannt und angestrengt. Wir erzeugen oft den Eindruck, als hätten wir Angst vor Kontakt oder vor dem Verlust der Kontrolle.
- Wir wollen alles richtig machen, aber schon ein kleiner Windstoß kann uns zu Fall bringen.

In einem Kundengespräch sendet eine überspannte Körperhaltung negative Signale, der Kunde könnte sich zurückziehen. Ein Vorgesetzter, der angespannt wirkt, vermittelt seinen Mitarbeitern den Eindruck, er wäre überfordert.

Unterspannte Haltung

Unterspannte Körperhaltung äußert sich durch eine in sich ruhende Bequemlichkeit, die Gleichgültigkeit oder Antriebslosigkeit signalisiert:

- Unsere Muskeln sind schlaff.
- Die Schultern hängen, der Blick schweift durch die Gegend oder flüchtet nach innen.
- Unsere Bewegungsabläufe und Reaktionen scheinen ohne Initiative zu sein.
- Wir wirken müde und antriebslos.

Die unterspannte Haltung signalisiert oft, dass wir entweder kein Interesse an unserer Umwelt haben oder dass wir uns einer Auseinandersetzung verweigern - wir besitzen eigentlich keine eigene Meinung und versuchen, dies mit Gleichgültigkeit zu kaschieren.

Je nach Situation kann die Haltung aber auch Gelassenheit oder sogar Souveränität vermitteln. Doch damit ist die Gefahr verbunden, dass man zu locker oder überheblich wirkt. Den Arbeitskollegen, die sich nach einem anstrengenden Meeting in ihre Stühle fläzen, die Hände hinter dem Kopf verschränken und ein paar Witze austauschen, wird niemand diese Haltung übel nehmen. Doch wenn Sie sich zu gelassen gegenüber Ihren Kunden geben oder als Vorgesetzter etwa in einem Mitarbeitergespräch zu locker auftreten, kann es passieren, dass Ihr Verhalten missverstanden wird und Sie Ihr Gegenüber verstimmen oder verunsichern.

Entspannte und aufmerksame Haltung

Wenn Sie in einer entspannten, aber aufmerksamen Körperhaltung agieren, können Sie Informationen gut aufnehmen; z. B. während eines Gespräches oder eines Vortrages. In dieser Körperhaltung hat der Körper viel mehr Ausdauer und ist leistungsfähiger. Sie behalten den Gesamtüberblick und können in jeder Situation überlegen, was im Moment das Richtige für Sie ist.

> Flexibel reagieren: Die eigentliche Kunst den richtigen Körperausdruck zu finden, besteht nicht nur darin, ein Gleichgewicht zwischen Überspannung und Unterspannung herzustellen, sondern auch darin, den Körperausdruck der Situation anzupassen. Entscheiden Sie, welche Körperspannung im Moment gut ist und lassen Sie sich nicht von Ihren Körperhaltungen bestimmen!

Geschlossene Haltung

Geschlossene Körperhaltungen oder Gesten nennen wir alle Haltungen, die den Körper schützen. Ein gesenkter Kopf, ein gebeugter Oberkörper, ein von unten nach oben gerichteter, prüfender Blick signalisieren der Außenwelt, dass man den anderen entweder kritisch und misstrauisch begegnet oder erst gar nicht an der Begegnung interessiert ist.

Zu diesem körperlichen Ausdruck gesellen sich oft Gegenstände, die als Rettungsanker oder Schutzmauer fungieren:

eine Akte oder Handtasche, die man an sich drückt oder ein Manuskript, an dem sich der Redner festkrallt.

Offene Haltung

Die offene Körperhaltung ist eine aufrechte und entspannte Haltung, die mit einem direkten und aufmerksamen Blick einhergeht. Die Gesten stimmen mit der gesprochenen Sprache überein, wirken lebhaft und einladend.

Wir sehen jemandem, der eine solche Haltung einnimmt, sofort an, dass er sich wohl in seinem Körper fühlt, ohne dass er auf uns überheblich oder selbstverliebt wirkt. Die offene Haltung vermittelt Aufgeschlossenheit und Souveränität und schnell stellt sich der Eindruck ein, die Person vertritt eine eigene Meinung, ist aber gleichzeitig genug neugierig und offen, um sich die Meinung der anderen anzuhören.

Wenn Sie sich gut und stark fühlen, stehen Sie klar, aufrecht und offen da. Mit diesem guten Stand könnten Sie Bäume ausreißen.

Standbein und Spielbein

Ihr Körper wandert hin und her. Sie wirken gelangweilt oder unruhig, wenn Sie das Standbein schnell wechseln. Sie haben keinen richtigen Standpunkt. Körperhaltungen, die den Schwerpunkt nach vorne, hinten oder zur Seite verlagern, werden leicht als Unsicherheit wahrgenommen. Wenn sich der Körper stark zur Seite neigt, können Sie anlehnungsbedürftig oder lustlos wirken. Wandert der Körper in dieser Position nach hinten, kann die Haltung von kritischen Gedanken zeugen. Lehnt sich Ihr Körper leicht zurück, wirkt es abwartend und misstrauisch. Wenn Sie dazu Ihren Kopf in den Nacken legen und schräg von der Seite schauen, ist der Ausdruck eindeutig: Sie wollen sich Überblick verschaffen und wissen noch nicht, ob Sie der Sache trauen können.

Wenn Sie den Oberkörper nach vorne frontal zu Ihrem Gesprächpartner hin richten, das Becken und die Beine aber wie zum Gehen weggedreht sind, signalisiert dies, dass Sie mit Ihren Gedanken schon woanders sind. Sie können in der verdrehten Haltung unkoordiniert wirken. Nimmt z. B. ein Kunde, Ihr Vorgesetzter oder ein Mitarbeiter diese Haltung ein, stellen Sie sich ihm „in den Weg", um ihm von vorne zu begegnen, oder lassen Sie ihn einfach gehen, denn seine Körperhaltung deutet an: eigentlich ist er nicht mehr da.

Unterwürfige Haltung

Der Körper ist gebeugt, die Schultern sind hochgedrückt, der Kopf ist eingezogen (linkes Bild). Die Füße sind leicht nach innen gedreht, dadurch haben Sie keinen guten Stand. Sie wirken demütig und schutzbedürftig.

Überhebliche Haltung

Der Körper ist ausgestreckt und zurückgelehnt. Sie blicken von oben herab und die Arme sind verschränkt (rechtes Bild). Die Beine haben einen breiten Stand, sie lassen sich nicht bewegen. Sie fühlen sich überlegen und wirken arrogant.

Haltungen beim Sitzen

Übereinandergeschlagene Beine mit gekreuzten Armen und ein zur Seite geneigter Kopf weisen darauf hin, dass Sie sich die Sache kritisch anhören oder sich schon aus dem Gespräch zurückgezogen haben. Sie wirken versperrt und abwartend.

Den Körper ausgestreckt, die Arme genüsslich hinter dem Kopf verschränkt: das kann von einer entspannten Haltung zeugen. Da Sie mit dieser Haltung viel Raum einnehmen und sehr dominant wirken, wäre sie z. B. in einem Mitarbeitergespräch unangebracht.

Gekreuzte Knöchel deuten auf eine defensive, kritische Haltung hin. Wenn jemand sich im Oberkörperbereich locker gibt, jedoch unter dem Stuhl die Fußknöchel gekreuzt hält, kann dies unterschwelliges Misstrauen signalisieren.

Wenn Sie aufrecht und entspannt sitzen, wirken Sie offen und wach, selbst wenn Sie Ihre Beine übereinanderschlagen. Ihr Blick ist aufgeschlossen. Die Hände ruhen auf den Oberschenkeln. Sie können gut zuhören und sind jederzeit bereit, ins Gespräch einzusteigen.

Wie Sie auf eine geschlossene Haltung reagieren

Wenn Ihr Gegenüber eine geschlossene Körperhaltung einnimmt, Sie aber Kontakt herstellen und Vertrauen aufbauen wollen, können Sie folgendes tun:

- Drücken Sie mit Ihrer Körperhaltung Aufgeschlossenheit und Ruhe aus und spiegeln Sie in dieser Situation auf keinen Fall die Körperhaltung Ihres Gegenübers.
- Versuchen Sie Ihr Gegenüber in eine andere Position zu bringen, indem Sie den Ort wechseln oder die Sitzordnung ändern.
- Animieren Sie Ihren Gesprächspartner dazu, seine Haltung aufzulösen. Reichen Sie ihm z. B. etwas zu trinken.

> Eine aufrechte und entspannte Körperhaltung strahlt Selbstbewusstsein und Kompetenz aus.

Gangarten

Wie die Körperhaltung deuten auch die Länge und die Dynamik der Schritte auf die innere Verfassung eines Menschen hin. Mit großen Schritten und energischem Schritttempo (linkes Bild) nimmt man den Raum ein, dieser Gang zeugt von Entschlossenheit und Vitalität: Die Person weiß genau, wohin sie gehen will. Ein Macher und Visionär macht eher große Schritte und betritt den Raum mit viel Elan. Langsame und kleinere Schritte (rechts Bild) wirken zögerlich und unsicher. Ein introvertierter Mensch macht kleinere Schritte; er mag sich auf Details konzentrieren und genau dies spiegelt sich in den Schritten wider: „Eins nach dem anderen und nicht zu schnell".

Aus Tempo und Länge der Schritte lässt sich noch viel mehr herauslesen:

- Ein wippender Gang wirkt leicht und energisch, kann aber genauso gut auf wenig „Bodenhaftung" hinweisen.
- Kurze und schnelle Schritte wirken hektisch.
- Ein trippelnder, schneller Gang kann anbiedernd und übereifrig wirken.
- Ein schleppender, leicht zur Seite geneigter Gang zeugt oft von Bedenken und wenig Kraft.

Mimik

Bei jeder Begegnung nehmen wir mehr oder weniger bewusst wahr, was sich im Gesicht des Gegenübers abspielt. Die Durchlässigkeit unseres Mienenspiels sollte uns deshalb immer bewusst sein. Es ist nämlich schwierig, etwas zu behaupten, wenn unser Gesicht das Gegenteil ausdrückt.

Folgendes nehmen wir an unserem Gesprächspartner wahr: Den Ausdruck der Augen - leuchten sie oder sind sie matt? Wohin geht sein Blick? Runzelt er die Stirn? Lächelt er oder versucht er zu lächeln? Sind die Lippen zusammengekniffen oder entspannt? Ist die Gesichtsfarbe gerötet oder blass? Es gibt eine ausdrucksvolle und eine sparsame Mimik. Im Volksmund nennen wir Letztere „Pokerface", d. h., wir können keine Informationen daran ablesen und uns nicht daran orientieren. Wenn Sie Vertrauen schaffen wollen, würden Sie mit einem solchen „Pokerface" das Gegenteil bewirken.

Der Mund und die Lippen

Noch bevor wir sprechen lernen, nehmen wir Nahrung auf und schmecken mit dem Mund. In unserer Kindheit gehören Mund und Lippen zu den wichtigsten Organen, mit denen wir die Welt erkunden. Mit Küssen drücken wir unsere Zuneigung aus, mit Bissen unsere Abneigung. Diese Bedeutung für unsere Entwicklung und der enge Zusammenhang mit unseren Emotionen spiegelt sich in unserer Körpersprache wider. Die innere Anspannung oder Entspannung eines Menschen zeigt sich direkt in Mund und Lippen. Sind die Lippen zusammengekniffen oder ein wenig geöffnet? Wird das Gesagte von einem aufrichtigen Lächeln begleitet oder mit heruntergezogenen Mundwinkeln? Gerade das Lächeln ist ein wichtiges Zeichen dafür, wie wir in Beziehung zu unseren Gesprächspartnern und zu unserer Umwelt treten.

Das echte Lächeln ist herzlich und warm, die Augen lachen mit (linkes Bild). Das künstliche Lächeln (rechtes Bild) erkennen Sie daran, dass die Augen nicht mitlachen. Meistens bleibt auch der gesamte Körper unbeweglich.

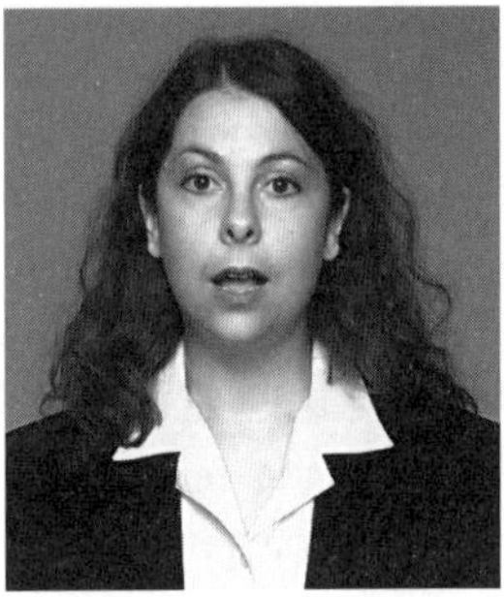

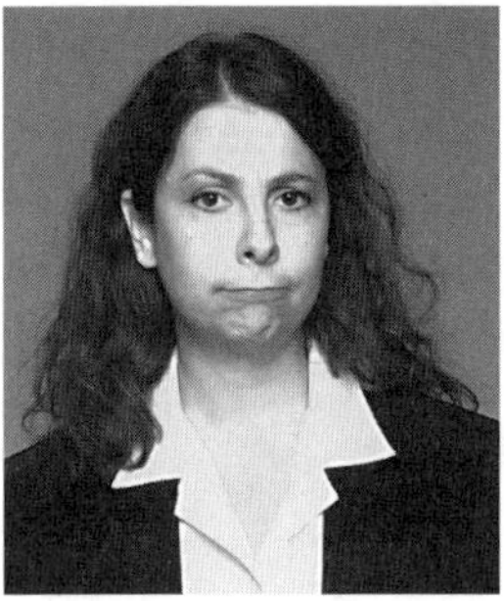

Der offene Mund drückt Staunen aus, er kann natürlich auch Sprachlosigkeit bedeuten. Die Augenbrauen sind hochgezogen und signalisieren Interesse (linkes Bild). Zusammengekniffene Lippen wirken skeptisch oder kritisch: „Ich traue der Sache nicht ganz" (rechtes Bild). Zusammengepresste Lippen weisen auf innere Angespanntheit hin. Wer sich auf die Unterlippe beißt, verkneift sich vielleicht etwas, möchte etwas nicht sagen. Beim Gesprächspartner kann das als nervöse Geste ankommen.

Die Augen

Wir glauben, dass die Augen der Spiegel der Seele sind, und versuchen, jemandem in die Augen zu schauen, wenn wir eine Lüge befürchten. Große Augen hatten schon immer eine klare Anziehungskraft. Daher schminken sich die Frauen ihre Augen und lassen sich die Augenbrauen zupfen, um sie größer erscheinen zu lassen. Die Bösewichte im Film tragen Sonnenbrillen, auch, weil sie befürchten, dass man ihre Absichten errät, wenn man ihre Augen sieht. Der Blick ist wie andere Signale der Körpersprache kulturell bedingt. In westlichen Kulturen ist direkter und häufiger Blickkontakt üblich, in asiatischen Ländern zeugt er von mangelndem Respekt und kann Aggressionen auslösen. Bei uns bedeutet guter Augenkontakt, dass wir den Gesprächspartner, ohne ihn anzustarren, immer wieder mit dem Blick unser Interesse signalisieren. Personen mit einem fliehenden oder nach innen gerichteten Blick, der auf Zurückhaltung, Angst oder Desinteresse schließen lässt, wirken irritierend auf uns. Sie möchten nicht angesehen werden, sich „unsichtbar" machen.

Der Blick von unten wirkt ängstlich und verunsichert. Der Kopf ist leicht nach vorne gebeugt, die Schultern sind schützend hochgezogen.

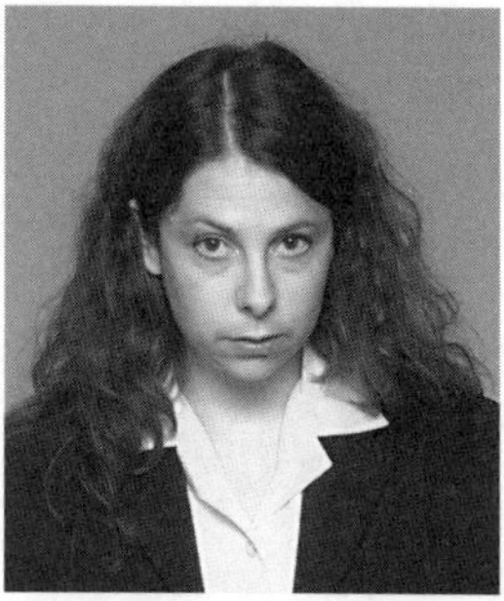

Der Blick von oben wirkt arrogant und dominant, Sie schauen auf Ihr Gegenüber herunter.

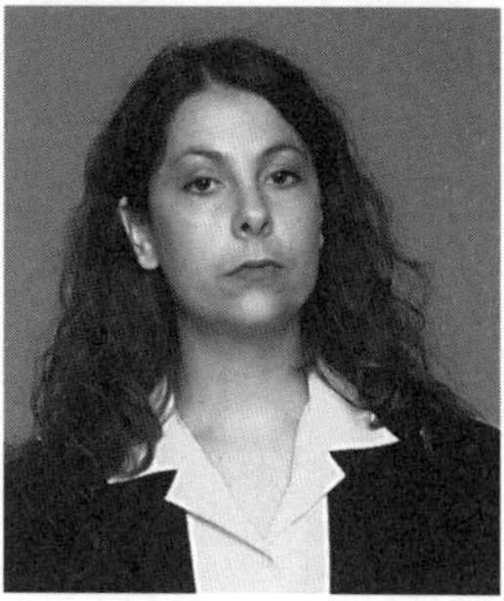

Der Blick von der Seite wirkt kritisch und prüfend. Vertikale Stirnrunzeln deuten auf eine kritische Haltung hin, während horizontale Stirnrunzeln, die bei hochgezogenen Augenbrauen entstehen, eher Interesse signalisieren.

Ein direkter, offener Blick mit geradem Kopf wirkt aufgeschlossen. Sie vermitteln den Eindruck, dass Sie sich wohl fühlen. Dieser Blick löst auch beim anderen Wohlbefinden aus: Wer so angesehen wird, fühlt sich weder kritisch betrachtet noch beobachtet.

Ein zur Seite geneigter Kopf mit offenem Blick signalisiert Interesse, hochgezogene Augenbrauen aktives Interesse. Er kann auch für Staunen oder die Erwartung von mehr Informationen stehen. Wenn Sie feststellen, dass Ihr Gegenüber den Kopf zur Seite neigt, haben Sie Ihr Ziel erreicht

Ein nach unten geneigter Kopf mit verschränkten Armen kann eine negative oder kritische Einstellung bedeuten. Sie wirken auf keinen Fall motiviert oder motivierend, eher skeptisch bis feindselig.

Wenn Sie auf jemanden an Ihrer Nase entlang herunterschauen und gleichzeitig den Kopf leicht in den Nacken zurücklehnen, drücken Sie damit Missachtung aus. Der Blick wirkt taxierend, sogar verächtlich.

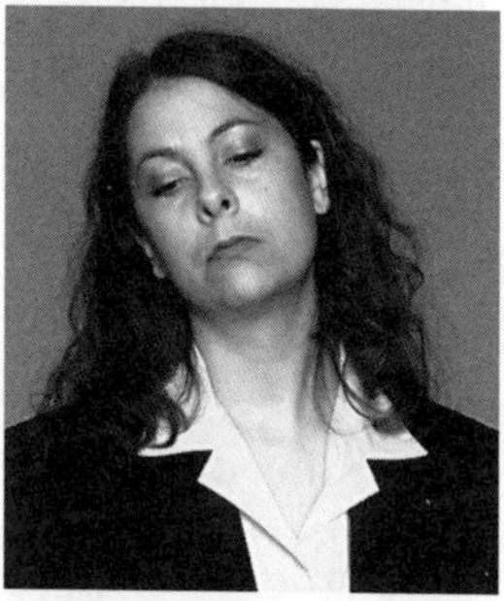

Bei einem Blick nach innen sprechen wir von einer Augenbarriere. Sie wirken abwesend. Vielleicht denken Sie gerade intensiv nach, vielleicht möchten Sie nicht hinschauen oder angeschaut werden. Diesen Blick findet man auf vielen Fahndungsfotos der Polizei.

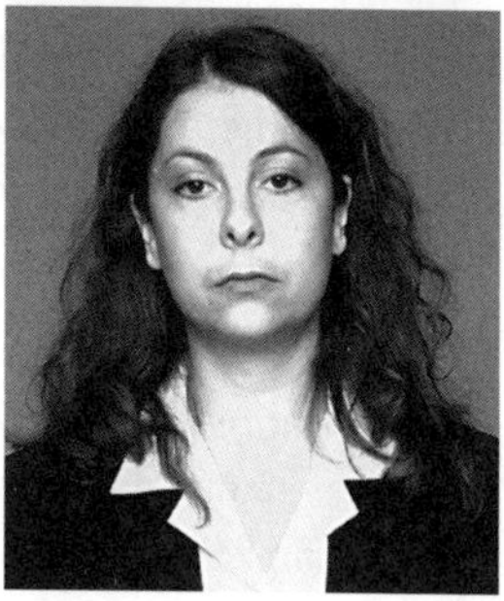

Gestik

Gesten begleiten die gesprochene Sprache, sie beleben die Kommunikation und unterstreichen den Inhalt des Gesagten. In südeuropäischen Ländern werden Hände und Arme sehr lebhaft eingesetzt, in Deutschland dagegen werden Gesten eher sparsam verwendet. Jeder Mensch besitzt neben den kulturell bedingten Gesten, wie z. B. dem Victory-Zeichen mit den nach oben gestreckten Fingern, ein ganzes Repertoire an individuellen Gesten.

Wie wir Gesten wahrnehmen

Unbewusst merken wir, dass Gesten viel über unsere innere Haltung und Emotion aussagen:

- Menschen, die fast keine Gesten benutzen, wirken unbeteiligt oder kraftlos.
- Die Art und Weise wie jemand seine Hand zur Begrüßung ausstreckt und die Hand des anderen drückt, hinterlässt bei uns einen ersten, nicht unwichtigen Eindruck.
- Sind die Hände offen oder werden sie zu Fäusten geballt? Hängen die Arme lustlos am Körper herunter oder sind sie oft verschränkt und werden sie als eine Art Körperbarriere eingesetzt?

Gesten, die nicht mit dem Gesagten übereinstimmen, verraten die wahren Gedanken und Emotionen. Das verunsichert oder verstimmt die Zuhörer und vermindert dadurch die Aufmerksamkeit. Typisch dafür sind verschränkte Finger, die ineinander krallen oder sich gegenseitig quetschen - sie verraten die innere Anspannung.

Begrüßung – die Dominanz der Hand

Schon an der Art des Händedrucks kann die Beziehung zwischen zwei Menschen abgelesen werden: Wer streckt als Erster die Hand aus? Hat jemand die „Oberhand" beim Begrüßen? Wenn ja, bestimmt er die Situation. Die Länge des Händeschüttelns gibt Aufschluss über die Innigkeit der Beziehung: einmal Schütteln ist höflich und distanziert, zwei- bis dreimal ist freundlich, ca. siebenmal ist herzlich und innig.

Wie viel Druck ist gut?

So verschieden die Menschen sind, so unterschiedlich ist auch ihr Händedruck - bewusst sollte uns dabei sein, wie dies auf die Person, die wir begrüßen, wirkt:

- Bei der „schlappen Hand" wird die Hand nur zögerlich ausgestreckt und übt kaum Druck aus. Entweder haben wir es mit einem Klaviervirtuosen zu tun, der seine Hände schont, oder mit einem scheuen Zeitgenossen.
- Beim Handschuh-Druck wird die Hand des Gegenübers mit beiden Händen umschlossen. Die Geste drückt Herzlichkeit und Freude aus und wird oft von mehrmaligem kräftigem Schütteln begleitet.
- Eine verspannte Hand mit steif ausgestrecktem Arm zeugt von Misstrauen und Abstand.
- Beim „Knochenbrecher" werden die Finger regelrecht gequetscht. Der Täter zeigt damit seine Dominanz. Sich dem körperlich zu entziehen, ist nicht leicht. Am besten machen Sie eine entschiedene Bemerkung darüber.

- Der beim Händedruck begleitende Griff der linken Hand an das Handgelenk, den Ellenbogen oder die Schulter des Gegenübers zeugt von Vertrautheit - oder ist eine einfache Machtdemonstration! Der feste Griff mit der linken Hand an den Oberarm des Gegenübers wird oft und gerne von Politikern oder Verhandlungspartnern verwendet. Mit dem Griff etabliert man sich sofort als Gastgeber und gleichzeitig kann man den Gast auf Distanz halten.

Freundliche Begrüßung

Die Oberkörper sind leicht zueinander nach vorne gebeugt. Die Personen kennen sich offensichtlich, sie sehen sich offen in die Augen und lächeln sich freundlich an. Der Händedruck ist kräftig. Die Hände werden mehrmals geschüttelt.

Routinierte Begrüßung

Die beiden Personen wirken höflich und distanziert. Ihre Körper halten Abstand. Die Blicke begegnen sich nur flüchtig. Der Händedruck ist kurz und kräftig.

Zaghafte Begrüßung

Die Personen halten möglichst großen Abstand. Die Person rechts im Bild ist leicht nach hinten gelehnt, als würde sie sagen: "Kommen Sie mir nicht zu nahe!" Der Händedruck ist minimal, sie werden nur einmal geschüttelt oder kurz gehoben.

Dominante Begrüßung

Die Person mit der „Oberhand" drückt von oben nach unten und zeigt somit, wer das Sagen hat. Der Händedruck ist kräftig bis eisern, die Hände werden selten geschüttelt. Um einem Oberhand-Griff zu entkommen, machen Sie einen entschlossenen Schritt mit dem linken Fuß nach vorne. Die Hand des Dominierenden wird sich dadurch automatisch zur richtigen Seite umdrehen.

Die Bedeutung der Gesten

Gesten sind sehr individuell, trotzdem ist es möglich, dass Sie Ihre Wahrnehmung für Gesten schärfen und neue Gesten in Ihr Repertoire aufnehmen. Sie werden merken, welche Gesten z.B. in einem Gespräch unterstützend oder vielleicht hinderlich sind. Haben Sie Mut, neue Gesten auszuprobieren, oder Gesten überhaupt einzusetzen. Achten Sie darauf, dass Sie die Größe der Gesten der Situation anpassen: Es ist ein Unterschied, ob Sie in einem Mitarbeitergespräch, in einem Meeting oder vor 200 Zuhörern sprechen. Je größer der Raum oder die Anzahl der Beteiligten ist, desto energischer und größer dürfen die Gesten sein.

Nach vorne ausgestreckte Arme mit nach außen geöffneten Handflächen signalisieren: „Ich habe nichts zu verbergen." Der Gesprächspartner fühlt sich willkommen und will wissen, was sein Gegenüber zu sagen hat.

Eine stille Vorfreude kann ihren Ausdruck in kurzem Händereiben finden. Das Tempo des Reibens sagt aus, wie groß die Freude ist. Wenn sich z. B. ein Versicherungsmakler die Hände reibt, während er seinem Kunden den Produktvorteil erklärt, würde er sich ungeschickt anstellen. Denn er verrät damit, dass er seinen finanziellen Vorteil im Sinn hat.

Die verschränkten Hände kann man vor oder auf dem Schoß, auf dem Tisch oder vor dem Gesicht halten. Gehen Sie davon aus, dass je höher und näher die verschränkten Hände dem Gesicht kommen, desto größer ist die Skepsis Ihres Gegenübers.

Hackende Hände wirken abweisend und drohend. Die Fingerfront der Hand wirkt verschlossen, sie „mauert".

Bei der unterstützenden Geste erzählen beide Hände, dass sie etwas halten und schützen.

Bei der abwehrenden Geste stoßen die Hände etwas ab, bilden einen Schutz nach außen. Die Geste kann Ablehnung signalisieren oder, wenn sie von hochgezogenen Schultern begleitet wird, Unwissen oder Unschuld behaupten.

Die Hand wandert zum Mund – diese Mundschutzgeste zeugt davon, dass man verunsichert ist oder etwas für sich behalten möchte. Wenn Ihr Gegenüber eine Mundschutzgeste macht, fragen Sie nach, vielleicht hält er etwas Wichtiges zurück.

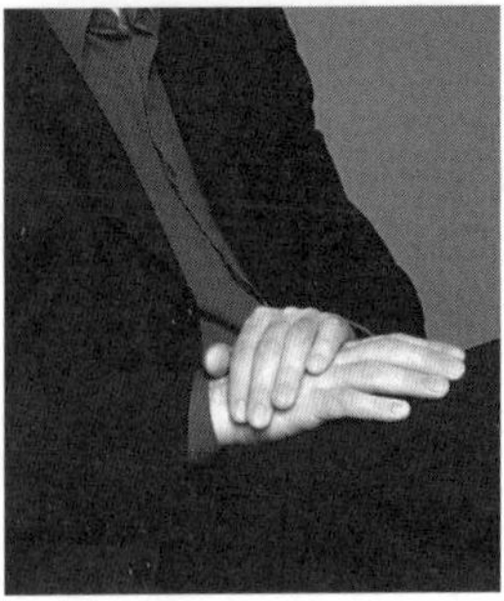

Entspannte Hände, die aufeinander ruhen, strahlen Souveränität und Ruhe aus. Gleichzeitig sind sie wach genug, um jederzeit an einem Gespräch unterstützend teilnehmen zu können.

Vorausgesetzt, der Grund ist nicht einfaches Nasenjucken, kann ein kurzes Berühren der Nase darauf hinweisen, dass man am Gehörten zweifelt oder dass man selbst lügt. Die Geste vermittelt Unsicherheit und Verlegenheit.

Auch ein kurzes nervöses Kratzen am Hals kann darauf hinweisen, dass Ihr Gegenüber schwindelt. Falls Sie misstrauisch sind, bitten Sie den „Verdächtigen" darum, die Aussage, bei der er sich kurz an die Nase gefasst oder am Hals gekratzt hat, nochmals zu wiederholen.

Am Nacken oder am Kopf reiben kann Verlegenheit bedeuten oder von der Befürchtung zeugen, etwas falsch gemacht zu haben. Stellen Sie die Geste bei Ihren Kollegen oder Mitarbeitern fest, fragen Sie einfach nach, was ihn bedrückt.

Am Kinn fassen oder tippen wir uns oft an, wenn wir überlegen oder nach einer richtigen Entscheidung suchen. Sehen Sie, dass Ihr Gegenüber, z. B. ein Kunde, diese Geste ausführt, lassen Sie ihm Zeit, bedrängen Sie ihn nicht.

Ein aufgestütztes Kinn kann Skepsis oder wenig Interesse bedeuten. Stellen Sie bei Ihrem Zuhörer diese Geste fest, unterbrechen Sie sich und fragen Sie nach, ob Sie sich verständlich genug ausdrücken oder ob ihm etwas unklar ist.

Als unangenehm empfinden wir Gesten mit dem Zeigefinger. Sie haben etwas Bedrohliches und drücken oft Arroganz und Anmaßung aus.

Verschränkte Arme müssen nicht automatisch auf eine ablehnende oder kritische Haltung hinweisen. Abhängig von der Situation, kann die Geste bedeuten, dass man zögert oder es sich gerade bequem gemacht hat, um zuzuhören.

Wenn sich allerdings mehrere Details zu den verschränkten Armen gesellen, wie geballte Fäuste oder eine gerunzelte Stirn, drückt das gesamte Bild eine skeptische und misstrauische Haltung aus.

Stimme und Tonfall

Viele unterschätzen die Macht der Stimme. Aber: Oft hören wir viel mehr auf den Tonfall und die Betonung des anderen als auf das, was er sagt. Immerhin hängen 38 % des Erfolges von Kommunikation von Stimme und Sprechtechnik ab – ein Grund, sich der Wirkung seiner Stimme zu widmen. Außerdem wissen wir aus alltäglichen Begegnungen: Im richtigen Ton können wir alles sagen, im falschen gar nichts. Die Kunst ist es, den richtigen Ton zu treffen.

Beispiel: Der falsche Ton

Frau Ritter hat ihr Auto während einer Veranstaltung in der Tiefgarage des Hotels geparkt. Bei der Ausfahrt aus der Garage erfährt sie, dass sie die 8 Euro fürs Parken selbst zahlen muss, da der Veranstalter diese Kosten nicht übernimmt. Frau Ritter dachte, dass die Parkgebühren in den Teilnahmekosten inbegriffen sind, deshalb fragt sie beim Empfang noch mal nach. „Mein Chef hat gesagt, dass alle Gäste die Tiefgarage selber zahlen sollen", antwortet die Empfangsmitarbeiterin in einem forschen Ton. „Das ist so mit dem Veranstalter abgesprochen und außerdem stand es auf dem Anmeldeformular!" Für Frau Ritter ist der Inhalt der Erklärung plausibel, doch der gehässige Ton lässt sie zusammenzucken. Sie legt das Geld hin und verlässt schweigend den Empfang.

Sprachmelodie und die Betonung sind entscheidend für die Interpretation des Gesagten. Hätte die Empfangsmitarbeiterin für ihre Erklärung einen freundlich erklärenden Ton gewählt, hätte das Hotel eine treue Kundin behalten.

Stimme und Stimmung

Die Stimme ist ein sehr genauer Stimmungsbarometer. Wenn Sie verunsichert sind, wird Ihr Atem flach und kurz. Sie geraten dadurch leicht ins Stocken und Ihre Stimme wirkt kraftlos. Wächst Ihre Verunsicherung und wandelt sie sich sogar in Angst, kann Ihre Stimme kurzzeitig versagen. Wenn Sie unter großem Druck stehen, kann sich Ihre Stimme überschlagen. Ihr Körper ist angespannt und Sie können Ihre Stimme nicht mehr der Situation anpassen. Nur, wenn Sie weder angespannt noch unterspannt sind, atmen Sie frei und tief, Ihre Stimme klingt kraftvoll und klar.

> Einer klaren, wohlklingenden Stimme hören wir gerne zu, eine gehetzte oder piepsige Stimme senkt unsere Aufnahmebereitschaft.

Wie die Stimme negativ wirkt

- Leises Sprechen weist auf mangelnde innere Überzeugung oder Unsicherheit hin. Zu lautes Sprechen deutet auf innere Anspannung.
- Eine zittrige Stimme wirkt unsicher, eine monotone Stimme wirkt lustlos. Eine gehetzte Stimme, kombiniert mit schnellem oder abgehacktem Sprechen, zeugt von Ängstlichkeit oder Übereifer.
- Eine zu hohe oder zu tiefe Stimme verleiht wenig Glaubwürdigkeit. Während die hohe Stimme Überspannung vermittelt und oft abschreckend wirkt, kann eine zu tiefe Stimme Bequemlichkeit oder Selbstverliebtheit signalisieren und monoton wirken, vor allem, wenn das Sprechtempo langsam ist.
- Ein kurzes ‚äh' vor dem Satz weist auf Unsicherheit hin, lässt sich aber auch als Trick einsetzen: Wenn Sie beim Sprechen nicht unterbrochen werden wollen, machen Sie ein langes ‚ääh' zwischen den Sätzen.

Wie die Stimme positiv wirkt

- Eine ruhige und klare Stimme drückt Souveränität und einen klaren Standpunkt aus. Bei einer wohlklingenden Stimme sind auch die Informationen „stimmig".
- Ein lebhaftes Sprechen durch Tempo- und Lautstärkewechsel sowie Abwechslung in der Betonung und in der

Sprachmelodie kann Bilder und Emotionen bei den Zuhörern freisetzen. Stimme kann bewegen und berühren, überzeugen und begeistern.

> In einer entspannten und aufrechten Körperhaltung haben Sie eine klare und wohlklingende Stimme.

Status

Ein schnelles Auto, eine teure Uhr oder die Designerhandtasche sind Statussymbole, die einen gewählten Lebensstil zum Ausdruck bringen sollen. Aber nicht nur materielle Dinge, mit denen sich Menschen umgeben, beschreiben ihren Status. Wir senden unaufhörlich, in allen Arbeits- und Lebenssituationen körperliche Signale, die den anderen zu verstehen geben, welchen Status wir gerade einnehmen.

Hoher Status und tiefer Status

In jeder Beziehung agieren wir entweder aus dem Tiefstatus oder aus dem Hochstatus heraus. Es kann sein, dass Sie in Ihrer Arbeit als Vorgesetzter einen Hochstatus besitzen, zu Hause jedoch bei Ihrer Familie den Tiefstatus einnehmen, z. B. als hilfsbereiter Schwiegersohn.

Die Konflikte beginnen oft dort, wo der Status in Frage gestellt wird oder nicht akzeptiert wird. Unter Arbeitskollegen fällt oft die Bemerkung: „Du schaust heute aber ziemlich müde aus!" Wenn Sie diesen Satz schon einmal gehört haben, der oft von einem mitfühlenden Blick oder von „Schulterklopfen" begleitet wird, wissen Sie, wie sich der Angesprochene fühlt. Ihm versucht gerade jemand zu unterstellen, er wäre krank, schwach und daher vielleicht nicht in der Lage, seine Arbeit gut zu erledigen - ein deutlicher Versuch, den Status des anderen zu senken. Der Angesprochene, nennen wir ihn Kollege A, könnte sich z. B. im Stuhl zurücklehnen, um souveräner zu wirken und jetzt etwas entgegensetzen, um seinen Status wieder zu heben: „Ich sehe immerhin besser aus als du letzte Woche!" oder „Soweit ich weiß, schätzt unser Chef eher die blassen, überarbeiteten Typen als die aus dem Solarium." Der Kollege B würde sich daraufhin auch im Stuhl zurücklehnen, die Arme hinter seinem Kopf verschränken, um betont gelassen zu wirken, und antworten: „Ich wusste gar nicht, dass du dir so viele Gedanken darüber machst, welche Typen unser Chef bevorzugt." Kollege A wiederum könnte sich, ohne den anderen eines Blickes zu würdigen, seiner Arbeit widmen und sagen: „Im Gegensatz zu dir versuche ich eben nicht, alles auf die leichte Schulter zu nehmen."

Wer am Ende der Gewinner dieser Auseinandersetzung ist, spielt für uns keine Rolle, viel interessanter ist: Wir haben es hier mit einem Statusspiel zu tun - ein Spiel, das man auch als „Machtspielchen" oder „Kompetenzgerangel" kennt und das so alt ist wie der Kampf um den schönsten Mammutknochen oder den besten Platz am Feuer - und das meist mit Hilfe deutlicher körpersprachlicher Signale gespielt wird.

Den richtigen Status einnehmen

Beispiel: Im Tiefstatus geblieben

Herr Brenner ist ein langjähriger und erfahrener Mitarbeiter in einem großen Kaufhaus. Er verkörpert den typischen Tiefstatus: Seine Körperhaltung ist leicht gebeugt, er ist sehr zuvorkommend, wirkt gehetzt und spricht leise. Da übernimmt Herr Brenner die Abteilung Haushaltsgeräte als Abteilungsleiter und hat somit eine Führungsaufgabe. Doch wenn Herr Brenner Arbeitsanweisungen gibt, signalisiert sein Körper alles andere als Souveränität und Sicherheit. Seine Mitarbeiter haben sichtlich Schwierigkeiten, ihren ehemaligen Kollegen als Vorgesetzten zu akzeptieren.

Jeder Mensch hat einen Lieblingsstatus, aus dem er handelt. Muss er aus einem bestimmten Grund einen anderen Status einnehmen, fühlt er sich unwohl und verunsichert. Vor allem Hochstatus-Menschen fällt es sehr schwer sich umzustellen, denn sie fühlen sich in allen Situationen als Held. Doch auch der umgekehrte Wandel aus dem Tiefstatus in den Hochstatus kann, wie wir am Beispiel von Herrn Brenner sehen, sehr schwer fallen.

Eine Führungskraft sollte einen höheren Status einnehmen können, um Entscheidungen oder Anweisungen durchzusetzen. Und auch Herr Brenner muss lernen, wie er aus dem Hochstatus heraus agieren und führen kann.

Körperhaltung, Bewegung und Stimme zeigen an, welchen Status jemand gerade einnimmt. Den Hoch- oder Tiefstatus eines Menschen erkennen Sie sogar am Strand oder in der Sauna - allein an der Körpersprache.

Den Status erkennen

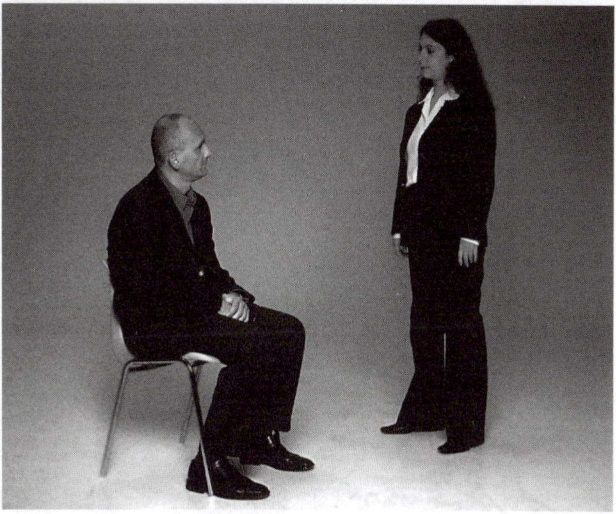

Die stehende Person nimmt den Hochstatus ein. Das erkennen Sie an folgenden Zeichen:

- die aufrechte Körperhaltung, sie ist Raum einnehmend und signalisiert: „Das hier ist mein Territorium!"
- guter Stand, d. h. mit beiden Beinen fest auf dem Boden und ein aufrechter Körper, selten Standbein-Spielbein-Haltung,
- große und klare Gesten,
- ein direkter, herausfordernder Blick und ein unbewegter Kopf beim Sprechen,
- die Bewegungen des gesamten Körpers sind langsam und sparsam oder klar und energisch.

Hier nimmt die stehende Person den Tiefstatus ein. Ob sich jemand im Tief- oder im Hochstatus befindet, hat nämlich nichts damit zu tun, ob er sitzt oder steht. Die Kennzeichen des Tiefstatus sind:

- gebeugte Haltung, hängende oder eingezogene Schultern,
- zögerliche Gangart,
- unsicherer, geschlossener Stand mit oft nach innen gedrehten Füßen,
- kleine, schnelle oder wenige Gesten, die Unsicherheit vermitteln, wie z. B. die Mundschutzgeste,
- Blick von unten nach oben,
- leises Sprechen, nervöses Lächeln oder Räuspern,
- die Person überlässt den anderen den Raum.

Der angemessene Status

Beispiel: Der falsche Status

Herr Petzold ist Außendienstmitarbeiter eines Maschinenherstellers und besucht Herrn Bach, den Geschäftsführer einer Druckerei. Herr Petzold betritt den Besprechungsraum mit großen Schritten, strahlt den Kunden freudig an und streckt als Erster die Hand zum Begrüßen aus. Er rückt sich den Stuhl zurecht und beginnt mit viel Elan von den Vorzügen der neuen Maschinen zu erzählen. Er hofft, Herrn Bach für die gesamte Erneuerung des Maschinenparks zu gewinnen. Doch das Verkaufsgespräch verläuft zäh, der Kunde zögert und ist eigentlich nicht bereit, viel zu investieren.

Der Außendienstmitarbeiter hat sofort den höheren Status eingenommen, obwohl er zu Gast bei seinem Kunden war. Er hätte z. B. Herrn Bach die Entscheidung überlassen sollen, wo er sich hinsetzt. In jeder Handlung, die er durchgeführt hat, war er dominant und hat dem Kunden keinen Raum gelassen.

Manchmal ist tief besser als hoch

Tiefstatus muss nicht negativ sein. Es kommt immer auf die Situation an. Souveränität beweisen Sie, wenn Sie Ihren Status der Situation anpassen können. Wenn Sie z. B. mit einem dominanten Kunden ein Gespräch führen, nehmen Sie ihm gegenüber den tieferen Status ein. Vermeiden Sie, Ihre Person und Ihr Wissen in den Vordergrund zu stellen – das wird den Verkaufserfolg fördern. In Meetings oder Mitarbeitergesprächen kann es von Vorteil sein, dass eine Führungskraft dem Mitarbeiter gegenüber einen tieferen Status einnimmt, sich zurücknimmt, dem Mitarbeiter den Raum überlässt und zuhört. Der Mitarbeiter nimmt automatisch den höheren Status ein, er hat den Raum, sich mitzuteilen. So kann eine schwierige Sachlage oder ein Konflikt schneller geklärt werden.

Versuchen Sie, eine Stunde lang den Status einzunehmen, den Sie sonst wenig leben, und nehmen Sie wahr, wie die Menschen auf Sie reagieren. Gehen Sie auf die Straße oder an einen Ort, wo viele Menschen sind. Nehmen Sie die Körperhaltungen ein, die wir als Merkmale für Hochstatus oder Tiefstatus beschrieben haben. Nehmen Sie wahr, wie Sie sich fühlen. Beobachten Sie die Reaktionen, die Sie auslösen.

Warum Kundenorientierung so schwierig ist

Die meisten Menschen versuchen den Tiefstatus zu vermeiden, weil sie lieber selbst über sich und andere bestimmen wollen. Gerade in vielen Dienstleistungsunternehmen ist der Servicegedanke nicht besonders ausgeprägt, da Verkäufer oder Berater nicht „dienen" wollen.

Beispiel: Verkäufer im Hochstatus

Herr Alt geht in ein Kaufhaus und sucht nach einem CD-Player. Der Verkäufer räumt jedoch Kisten aus und beachtet den Kunden nicht. Auf die Frage des Kunden antwortet er: „Das macht mein Kollege!"
Frau Otto will eine Überweisung tätigen, doch der Bankmitarbeiter seufzt und verdreht die Augen, weil sie scheinbar nicht in der Lage ist, den Auftrag am Terminal selber zu erledigen und er Mehrarbeit hat.
Herr Hoch möchte sich im Reisebüro nach einer Sprachreise erkundigen. Die Angestellte wollte eigentlich gerade in die Mittagspause gehen und bedient ihn lustlos.

In allen Situationen ist der Verkäufer oder Berater ganz klar im Hochstatus und zwingt seinen Kunden in den Tiefstatus. Er gibt ihm nicht zu verstehen, dass er willkommen ist, sondern dass er ein Störfaktor ist. Wirklich kundenorientiert werden Sie als Dienstleistender erst dann auftreten, wenn Sie auf den Hochstatus verzichten und den tieferen, dienenden Status akzeptieren.

Schenken Sie dem Kunden den Hochstatus! So können Sie am besten auf seine Bedürfnisse eingehen, ihn besser zufrieden stellen, Geschäfte erfolgreicher abschließen und Stammkunden gewinnen.

Frauen und Männer

Gibt es typisch weibliche oder typisch männliche Gesten? Sicherlich gibt es Unterschiede, die je nach kultureller Herkunft oder Erziehung mehr oder weniger ausgeprägt sind. Frauen setzen, wenn es nicht anders geht, gerne ihren Charme ein, doch nicht immer trifft der erhoffte Erfolg ein. Männer dagegen versuchen oft mit ausgeprägt dominanten Körperhaltungen oder Gesten ihren Willen durchzusetzen oder ihre Kompetenz zu beweisen. Nun, nicht alle Gesprächspartner lassen sich davon beeindrucken.

Frauen, die Führungsaufgaben übernehmen, tendieren manchmal dazu, weiterhin im Tiefstatus zu agieren. Es fällt ihnen schwer, sich den Raum zu nehmen, der ihnen zusteht. Sie sprechen leiser als Männer oder verwenden typische weibliche Tiefstatus-Gesten, wie z. B. einen leicht gebeugten Oberkörper, eine geschlossene und verdrehte Körperhaltung oder Mundschutzgesten, die Unsicherheit vermitteln.

Manchen Frauen fällt es schwer, körperliche Signale zu senden, um ihren „Standpunkt“ durchzusetzen. Sie lernen als Mädchen, dass sie „ertragen“ sollen und dass es nicht unbedingt wichtig ist, sich durchzusetzen. Männer lernen oft schon als kleine Jungs, dass sie fordern dürfen. Dieses Selbstverständnis setzt sich im Berufsleben fort - und das zeigt sich natürlich in ihrer Körpersprache. Für Frauen, denen es schwer fällt, sich durchzusetzen, heißt dies aber nicht, die Körperhaltung und großen Gesten eines dominanten Kollegen nachzuahmen. Besser ist es, durch eine aufrechte Körperhaltung, einen offenen Blick und klare Gesten Ruhe und Gelassenheit auszustrahlen. Mehr dazu, wie Sie authentischer auftreten und Präsenz gewinnen, finden Sie ab S. 65 im Kapitel „Ihr authentischer Auftritt – von erfolgreichen Schauspielern lernen.“

Territorien

Jeder von uns weiß, wie unangenehm es ist, zusammen mit anderen, uns fremden Menschen in einem Lift dicht gedrängt nebeneinander zu stehen. Wir versuchen uns dann körperlich abzugrenzen, indem wir den Blickkontakt vermeiden - die Stockwerksnummern oder das Schild des Liftherstellers erscheinen uns auf einmal spannend wie ein Krimi.

Distanz und Nähe

Alle Menschen haben eine Intimzone um sich herum und wir empfinden es als höchst unangenehm, wenn uns jemand, den wir nicht kennen oder nicht mögen, zu nahe kommt. Die

Distanz zwischen Menschen sagt viel über deren Beziehung aus. Deshalb erkennen wir auf der Straße sofort, ob zwei Menschen eine distanzierte, eine geschäftliche oder eine persönliche Beziehung haben. Je höher der Status eines Menschen ist, desto größer ist das Territorium, das er beansprucht. In den westlichen Kulturen kann man folgende Abstandszonen feststellen:

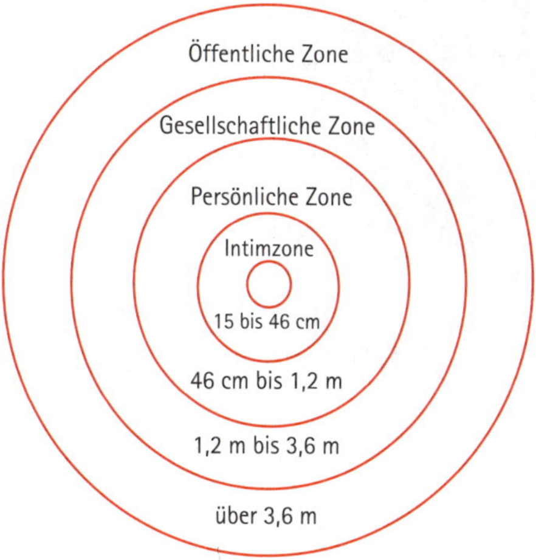

Beachten Sie die Intimzone Ihres Gegenübers

Überschreiten wir diese Grenzen, vor allem die der Intimzone, fühlt sich unser Gesprächspartner bedrängt oder verstimmt. Das Eindringen in das Territorium eines anderen kann als ein Vertrauenshinweis verstanden oder aber als Bedrohung wahrgenommen werden und Aggressionen auslösen.

Der Vorgesetzte beugt sich über die Teamassistentin, um ihr etwas zu erklären. Dabei dringt er in ihr Territorium ein. Er stützt sogar seine Hand auf ihren Tisch, was Besitzanspruch signalisiert.

Die Assistentin fühlt sich bedrängt und zieht sich zurück. Durch die Missachtung des Territoriums macht der Vorgesetzte die Kommunikation zwischen den beiden unmöglich. Die Teamassistentin ist eigentlich mehr damit beschäftigt, das Gefühl von Bedrängnis zu bekämpfen, als sich auf die Worte ihres Vorgesetzten zu konzentrieren.

Die Tischmitte stellt oft eine unsichtbare Grenze der jeweiligen Intimzone dar. Halten Sie also den richtigen Abstand zu Ihrem Gesprächspartner ein.

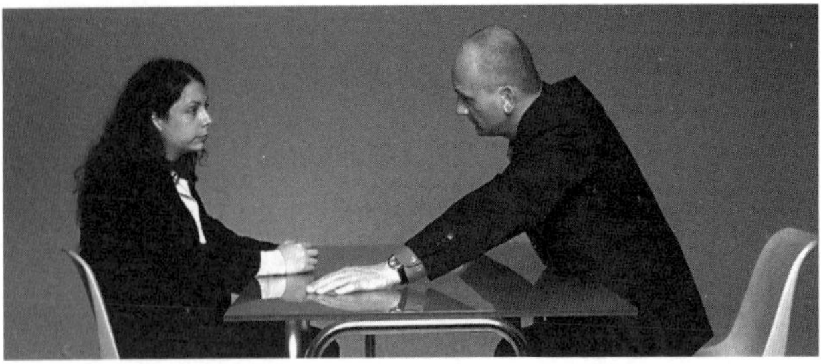

Wenn Ihr Gegenüber bei einen Gespräch seinen Körper zurücklehnt oder einen Schritt nach hinten macht, versucht er sich vielleicht gerade Platz und Luft zu verschaffen, weil Sie ihm zu nahe gekommen sind. Auch mit Berührungen sollten Sie vorsichtig sein: Berühren Sie einen Mitarbeiter, Arbeitskollegen oder einen Kunden nicht spontan z. B. am Oberarm oder an der Schulter, auch wenn Sie sich schon länger kennen. Ihr Gegenüber kann sich bedrängt fühlen, obwohl Sie es eigentlich freundschaftlich meinen.

Körpertypen

Hinter etwas flapsigen Bezeichnungen wie „Zappelphilipp" für einen nervösen und überspannten Menschen oder „Schlafmütze" für einen kraftlosen, etwas schlapp wirkenden Zeitgenossen, verbirgt sich eine alte Wahrheit: Jeder Mensch wird in seinem körperlichen Ausdruck nicht nur von genetischen oder kulturellen Anlagen bestimmt, sondern im Laufe der Jahre von verschiedenen Erfahrungen, Gedanken und Emotionen geprägt. Ein Machtmensch, auch wenn er von der Statur her klein ist, strahlt mit seiner Gangart, Mimik und Gestik eine große Kraft und Entschlossenheit aus. Ein vorsichtiger Mensch bewegt sich nur zögerlich auf der Bühne des Lebens und beobachtet kritisch die Welt um sich herum.

Menschen entsprechen in ihrem Verhalten nie genau einer Typologie, doch es lassen sich immer einige ausgeprägte Eigenschaften feststellen, die uns erlauben, unsere Gesprächpartner einem bestimmten Körpertyp zuzuordnen. Eine solche Typologie ist gerade beim ersten Kundenkontakt oder bei einem Vorstellungsgespräch sehr hilfreich, wenn wir noch sehr wenig über unser Gegenüber wissen.

Der Dominante

Körpersprachlich ausgedrückt hat der Dominante alles „im Griff". Er ist an der Erhaltung seiner Macht interessiert, übernimmt gerne Verantwortung, trifft klare Entscheidungen und will schnelle Ergebnisse erzielen. Er schätzt Treue und erkennt die gute Leistung der anderen an, solange sie seine Position stärken und nicht bedrohen. Konkurrenz wird rechtzeitig ausgeschaltet. Sein Motto: Ich weiß, was ich will, und ich werde alles dafür tun! Seine Eigenschaften sind

- ein stechender, prüfender Blick,
- sparsame Mimik,
- eine gestreckte, beinahe starre Körperhaltung,
- knappe, sparsame Gesten,
- ein formelles Auftreten.

Sie sollten

- seinen Status respektieren,
- höflich und sparsam in der Mimik sein,
- aufmerksam zuhören - darauf kommt es vor allem an,
- eine wache, aufrechte Körperhaltung einnehmen,
- vermeiden, locker zu wirken - das wird ihn beleidigen,
- vermeiden, unterwürfig zu wirken, er hasst „Waschlappen".

Vorsicht! Ein Dominanter hält sich für einen guten Menschenkenner. Er übernimmt auch gerne die Rollen der anderen Grundtypen, um sein Gegenüber zu prüfen.

Der Genaue

Er ergründet, durchleuchtet und überprüft. Er ist an Informationen interessiert und investiert dafür gerne Zeit und Energie. Er möchte keine Fehler machen und erwartet von sich und anderen hohe Qualität. Er arbeitet gerne alleine, will nicht gestört werden. Er schätzt Neugier und Gründlichkeit. Motto: Eins nach dem anderen und nicht zu schnell. Seine Eigenschaften sind

- eine höfliche und respektvolle Begrüßung,
- ein forschender, manchmal misstrauischer Blick,
- ordnende und minimale Gestik,
- eine leicht nach vorne gebeugte „prüfende" Körperhaltung,
- ein freundliches, aber abwartendes Lächeln.

Sie sollten

- mit offenen und ruhigen Gesten signalisieren, dass Sie nichts zu verbergen haben,
- durch Ihre Körperhaltung andeuten, dass Sie viel Zeit mitgebracht haben,
- sich nicht zu hektisch bewegen - Gesten, die Ungeduld signalisieren, sind verhängnisvoll,
- wach und interessiert blicken,
- keine Bange vor dem eigenen Einsatz kritischer Körpersignale haben, wie z. B. leichtes Stirnrunzeln,
- große, ausladende Gesten vermeiden - das macht ihn misstrauisch, er vermutet, Sie wollen ihn täuschen,
- zu kleine und zaghafte Gesten vermeiden - er denkt, Sie wollen ihm etwas vorenthalten.

Der Macher

Er ist vor allem an Bewegung interessiert. Alles, was statisch wirkt, schreckt ihn ab. Immer in der Vorwärtsbewegung, immer auf der Suche nach Gleichgesinnten, die bereit sind mit anzupacken, fühlt er sich sehr wohl in seinem Körper. Er schätzt Mut und Risikobereitschaft. Er lebt in der Zukunft und hat Visionen, die ihn treiben. Sein Motto: Ich sehe schon vor mir, wie unser Unternehmen in 10 Jahren sein wird. Seine Eigenschaften sind

- eine freundliche Begrüßung, begleitet von kraftvollem Händedruck,
- eine laute und angenehme Stimme,
- ein direkter Blick,
- aufrechte Körperhaltung,
- geschmeidige, energische Gesten.

Sie sollten

- nicht unterspannt auftreten,
- eine konfrontative Haltung vermeiden - obwohl er Wettbewerb und Kampf schätzt,
- seine direkten Blicke offen und neugierig entgegnen,
- ruhig Ihre Körperhaltung und Gesten der vitalen Dynamik seines Körpers anpassen,
- nicht übereifrig werden - er mag kein Strohfeuer und keine Mitläufer,
- zaghafte und kritische Gesten wie „Mund bedecken“ oder „Verschränken der Hände und Arme“ vermeiden - er erträgt weder Zögern noch Skepsis.

Der Zwischenmenschliche

Er legt vor allem Wert auf ein freundliches und herzliches Miteinander. Er baut Vertrauen und Sympathie auf und genießt den Kontakt mit den anderen Menschen. Er achtet die Emotionen der anderen und erwartet das Gleiche von seinem Gegenüber. Er zeigt seine Gefühle und teilt sich gerne mit. Sein Motto: Mir ist es wichtig, dass wir uns gut verstehen. Seine Eigenschaften sind

- eine herzliche Begrüßung,
- ein freundlicher Blick,
- offene, einladende Gesten,
- eine lebhafte Sprechweise und ein angenehmer Ton,
- eine entspannte, oft legere Körperhaltung.

Sie sollten

- keine abgehackten Gesten ausführen und keine starre Körperhaltung einnehmen,
- einstudierte und gekünstelt wirkende Mimik und Gestik vermeiden - er hasst Verstellung,
- sich nicht überheblich geben - Machtmenschen sind ihm zuwider,
- sich nicht verschlossen oder kritisch geben - er fasst es als Ablehnung seiner Person auf,
- entspannt und gelassen sein - lehnen Sie sich zurück!,
- viel lächeln und zeigen, dass Sie gerne zuhören und sich auch gerne mitteilen.

Der Schüchterne

Er ist unauffällig in seinem Auftreten und reagiert äußerst sensibel. Er wird vom Leben getrieben, hat eigentlich keinen richtigen Plan. Er ist dankbar für Hilfe, doch reagiert er störrisch bis aggressiv, wenn man versucht, ihn zu bevormunden. Er braucht Ruhe und Sicherheit und schätzt einen guten Stil und Höflichkeit. Sein Motto: Wem kann ich trauen? Seine Eigenschaften sind

- höfliche, doch zaghafte Begrüßung,
- ein unsicherer, oft verhuschter Blick,
- eine leise, stockende Stimme,
- unterspannte oder verkrampfte Körperhaltung,
- kleine zögerliche Gesten, er weiß oft nicht wohin mit den Händen,
- schützende oder kritische Gesten, er nestelt manchmal an seinem Gesicht oder spielt mit Gegenständen.

Sie sollten

- nicht laut und freimütig auftreten,
- alle Körperbewegungen, die kantig, grob oder zu schnell sind, vermeiden,
- ihn sehr freundlich begrüßen,
- ihm Sicherheit und Ruhe vermitteln,
- ruhige und fließende Gestik benutzen,
- mit einer warm klingenden Stimme sprechen,
- eine entspannte Körperhaltung annehmen,
- es sich nicht zu bequem machen – der Schüchterne ist ein misstrauischer Mensch und wird eine Falle wittern.

Ihr authentischer Auftritt – von erfolgreichen Schauspielern lernen

Schauspieler sind Meister der Körpersprache aus Leidenschaft. Gute Schauspieler lieben wir, weil sie uns begeistern und berühren. Wie sie das schaffen und was *Sie* im ganz normalen Leben davon gebrauchen können, erfahren Sie im folgenden Kapitel.

Sie lesen hier, wie Sie

- Raum einnehmen und präsent sind (S. 66),
- die Rollen wechseln (S. 70),
- die Motive Ihres Handelns klären (S. 72),
- Emotionen bewusst ausdrücken (S. 76).

Raum einnehmen und präsent sein

Der berühmte französische Filmregisseur Jean Pierre Melville, bekannt für Filme wie „Vier im roten Kreis“ und „Der eiskalte Engel“, führte auf folgende Weise ein Casting für Schauspieler durch: Er mietete eine große, leere Fabrikhalle und setzte sich hinter einen Tisch, der möglichst weit entfernt von der Eingangstür war. Die Schauspieler mussten also eine ziemlich große Entfernung durch einen leeren Raum zurücklegen, um Melville zu erreichen. Noch bevor er mit ihm ein einziges Wort gewechselt hatte, wusste der Regisseur bei jedem Bewerber, ob er die perfekte Besetzung für einen seiner Filme gefunden hatte oder nicht. Unter denjenigen, die den Test glänzend bestanden haben, waren die späteren Weltstars Jean Paul Belmondo und Alain Delon. Was haben die anderen Schauspieler falsch gemacht?

Viele der Bewerber waren von der Größe des Raumes beeindruckt und blieben an der Tür verunsichert stehen. Einige sind entschlossen eingetreten, doch dann, auf dem halben Weg, verloren sie den Mut und ihre Schritte wurden zögerlich. Andere schlichen sich förmlich an den Wänden entlang, statt den direkten Weg zu wählen. Alle, die den scheinbar einfachen Test nicht bestanden haben, begingen einen unverzeihlichen Fehler: Sie wollten sich *unsichtbar* machen.

So machen es die Schauspieler

Guten Schauspielern reicht oft nur eine bestimmte Körperhaltung oder eine kleine Geste, um damit eine Figur zu „verkörpern“. Ohne Worte können sie die inneren Motive und

Gedanken eines Menschen *sichtbar* machen. Sie wissen ganz genau, welche Wirkung ein gehetzter oder schleppender Gang, ein fiebriger oder prüfender Blick haben. Sie wissen, dass der Körper mehr über eine Figur und die Beziehung zwischen den Figuren erzählt als Worte. Jeder von uns erinnert sich an den watschelnden Gang von Charlie Chaplin, sein mal fröhliches, mal verlegenes Kreisen mit dem Spazierstock, oder an die langsamen, bedrohlichen Gesten von Marlon Brando aus dem „Paten". Dieses Bewusstsein für die Kraft der Körpersprache ermöglicht einem Schauspieler die Präsenz: Wir nehmen die Figur, die er darstellt, als eine Persönlichkeit wahr - mit ihren Eigenheiten, Stärken, Schwächen, Absichten oder Ängsten.

Gute Bühnendarsteller können durch ihren körperlichen Ausdruck den Raum „erschaffen", in dem sie sich bewegen: Wir begreifen recht schnell, ob eine Figur auf einer windigen Anhöhe steht oder in einer kleinen Hütte hockt - auch ohne Bühnenbild. Wenn sich ein Schauspieler biegt, als wollte er sich ganz leicht machen, wenn er vorsichtig die Arme zur Seite streckt und achtsam mit gespanntem Blick nach unten über den Boden schreitet, haben wir den Eindruck, er würde über eine zerbrechliche Bodenfläche laufen, einen eingefrorenen See möglicherweise. Flaniert er ruhig und entspannt, mit hinter dem Rücken verschränkten Armen, sieht sich mit glücklicher Miene um und zieht tief durch die Nase Luft ein, entstehen in unserem Kopf sofort Bilder von einem See- oder Waldspaziergang. Das heißt: Durch ihre körperliche Präsenz erschaffen gute Schauspieler eine Welt! Sie bestimmen den Raum - und nicht der Raum sie.

So gewinnen Sie Präsenz

Beispiel: Der übermächtige Raum

Herr Neumann hat schon lange auf den bevorstehenden Termin mit einem seiner Kunden, Herrn Ludwig, gewartet. Er betritt das repräsentative Firmengebäude und wird in Herrn Ludwigs großräumiges Büro geführt. Die Räume beeindrucken ihn. Er spürt, wie sein Selbstbewusstsein schwindet, wie sich seine Schultern und sein Nacken verspannen, sich die Hände verkrampfen. Als Herr Ludwig den Raum betritt und ihn begrüßt, bringt er nur noch ein aufgesetztes Lächeln zustande, seine Stimme ist unklar und leise. Eigentlich würde er am liebsten wieder gehen ...

Herr Neumann hat sich von den ungewohnten und beeindruckenden räumlichen Verhältnissen einschüchtern lassen. Sein Körper hat darauf quasi mit „sich kleiner machen" reagiert. Wie gewinnt man in einer solchen Situation seine Präsenz und damit die Souveränität zurück?

Aufrichten und den Raum ausfüllen

Wenn Sie merken, dass Sie überrollt werden, machen Sie es wie die Schauspieler:

- Während Sie auf Ihren Termin warten, richten Sie Ihren Oberkörper auf und lockern Sie Nacken und Gesicht.
- Stellen Sie sich vor, Sie wären eine Marionette, deren Fäden losgelassen wurden. Atmen Sie tief aus, und entspannen Sie kurz die Muskeln, dann richten Sie sich mit dem Einatmen auf und nehmen Sie die aufrechte und aufgeschlossene Haltung ein, atmen Sie wieder aus.

- Sehen Sie sich die Umgebung mit einem offenen und neugierigen Blick an.
- Versuchen Sie sich vorzustellen, dass Ihr Körper feine Lichtstrahlen ausstrahlt, schicken Sie die Strahlen durch den ganzen Raum.
- Stellen Sie sich eine Situation vor, die Ihnen Kraft und Ruhe gibt, oder denken Sie an ähnliche Situationen, die Sie schon mit Erfolg gemeistert haben.

Das sollten Sie nicht tun

- Klammern Sie sich nicht an Möbeln fest und suchen Sie nicht gleich eine Gelegenheit zum Sitzen. Schleichen Sie nicht an den Wänden entlang.
- Vermeiden Sie hektische und nervöse Gesten, das senkt Ihren Status und verunsichert Ihren Gesprächspartner.
- Begegnen Sie einer unbekannten Person nicht mit übermäßiger Freundlichkeit oder mit Gesten und Körperhaltung, die misstrauisch und verschlossen wirken.

So bereiten Sie sich auf wichtige „Auftritte" vor

Bevor Sie einen unbekannten Raum betreten, um eine Rede zu halten oder an einem Meeting teilzunehmen, machen Sie sich, wenn möglich, vorher mit dem Raum vertraut. Durchqueren Sie den Raum, nehmen Sie kurz da Platz, wo Ihre Zuhörer oder Gesprächspartner sitzen werden. Wird sich Ihr Gegenüber auf dem Platz wohl fühlen? Falls möglich verschieben Sie Stühle oder Tische. Richten Sie den Raum so ein, dass Sie sich sicher und kraftvoll fühlen. Probieren Sie aus, wie Ihre Stimme in dem Raum klingt.

Die Rollen wechseln

Ein Schauspieler muss an einem Tag oft verschiedene Rollen spielen. Am Vormittag hat er vielleicht eine romantische Komödie für das Kino gedreht und am Abend spielt er im Theater eine Tragödie. Manche Theaterstücke basieren sogar auf dem Effekt des Rollenwechsels: Ein Schauspieler schlüpft vor den Augen seines Publikums in völlig verschiedene Rollen. Der Erfolg dieser Stücke hängt davon ab, wie überzeugt und authentisch der Wandel gespielt wird.

Beispiel: Rollenwechsel ohne Spuren

Frau König ist Teamleiterin in der Vertriebsabteilung. Gerade kommt sie von einem schwierigen Mitarbeitergespräch und muss gleich zu einem wichtigen Kundentermin, bei dem sie ein neues Produkt vorstellen möchte. Frau König sieht man das letzte Gespräch noch an, sie wirkt angestrengt, in Gedanken ist sie noch bei der Auseinandersetzung und ihrer strengen Haltung gegenüber dem Mitarbeiter.

Frau König hat Schwierigkeiten, sich von ihrer letzten Rolle als Teamleiterin zu lösen und nun eine neue Rolle im Kundenkontakt einzunehmen. Sie müsste sich dafür vom Hoch- in den Tiefstatus begeben, ihre kritische innere Haltung gegen eine offene und freundliche Haltung „austauschen", ihre Gedanken und Gefühle der neuen Situation anpassen - dies alles gehört zum Rollenwechsel. Was kann sie tun? Wer sich innerlich schnell von der letzten, vielleicht nervenaufreibenden Situation lösen will, der findet Hilfe bei seinem Körper, indem er zunächst entspannt, um dann wieder neue Spannung aufzubauen:

- Lassen Sie zunächst die „Luft raus", indem Sie eine Atemübung machen, und lockern Sie Ihre Muskeln (Übungen dazu siehe S. 162 ff.).
- Beugen Sie Ihren Oberkörper, so weit es geht, nach unten, dann richten Sie ihn ganz langsam wieder auf, Wirbel für Wirbel. Sie stehen jetzt ganz aufrecht da.
- Jetzt beginnen Sie, wieder Körperspannung aufzubauen, indem Sie sich vorstellen, welche Situation als nächste kommen wird. Räkeln und strecken Sie sich dabei, spannen und entspannen Sie Ihre Muskeln, wenn es Ihnen danach ist, gähnen Sie.
- Heben Sie Ihre Augenbrauen hoch und sehen Sie sich neugierig im Raum um.
- Kneifen Sie Ihre Pobacken zusammen, so als würden Sie etwas festhalten wollen. Das Becken wird so nach vorne geschoben und Sie haben einen sicheren Stand.
- Halten Sie Ihren Kopf ruhig, wenn Sie ernsthaft erscheinen wollen. Achten Sie darauf, dass Sie eine offene Körperhaltung einnehmen.

> Sie können einen Rollenwechsel perfekt beherrschen und trotzdem authentisch bleiben.

Motiv und innere Haltung klären

Die Veränderung der Körperhaltung reicht manchmal nicht aus. Das Rezept für einen erfolgreichen Auftritt liegt in Ihrer inneren Einstellung verborgen. Ein berühmter russischer Schauspiellehrer, Konstantin Stanislawski, ließ seine Schüler folgende Übung machen: .

Er bat sie, auf die Bühne zu kommen und nach einem imaginären Schatz zu suchen. Die Schüler stürzten sich ins Geschehen, liefen aufgeregt und laut rufend umher und durchsuchten einige Male die dunkelsten Ecken der Bühne. Nach ein paar Minuten standen sie ratlos da, mit dem Gefühl, dass ihre Vorstellung konfus und ohne Spannung ausgefallen war. Und Sie hatten Recht: Da sie vor allem damit beschäftigt waren, die Schatzsuche darzustellen, also bloß zu „spielen“, waren ihre Handlungen unglaubwürdig. Erst nachdem der Lehrer den Schauspielern mitteilte, dass er einen echten Geldschein versteckt hat, wurde ihre Darstellung glaubwürdig und spannend. Ihre Körper wirkten im Raum präsent, ihre Gesichter hochkonzentriert, jeder Gang und jede Geste war einem einzigen Motiv zugeordnet: der Suche. Sie hatten das Grundprinzip der Bühnenpräsenz begriffen: Ein klares Motiv bestimmt eine klare Körpersprache.

Die Darstellung eines Charakters ist selbstverständlich viel komplexer als diese einfache Aufgabe. Doch das Bewusstsein darüber, wie viel eine einfache Geste oder Körperhaltung ausdrücken kann, verbunden mit dem Wissen um die Motive der Figur, machen einen Schauspieler erst zu einem Meister seines Fachs. Jeden Tag stellt er sich die gleiche Frage: „Was will die Figur, die ich verkörpere, und was will sie nicht?" Wenn diese Frage nicht geklärt ist, wirkt der Auftritt diffus und uninteressant.

Das Spiel zwischen innen und außen

Damit Sie authentisch und überzeugend auftreten können, muss das Zusammenspiel zwischen der inneren und äußeren Haltung stimmen. Unsere innere Einstellung kann die Körpersprache verändern und ebenso kann die Veränderung der Körperhaltung unsere innere Haltung beeinflussen. Ein Kreislauf, der sich unentwegt gegenseitig befruchtet.

Von innen nach außen

Unsere Körpersprache ist eine unverfälschte Sprache. Versuchen wir, unserem Gesprächspartner etwas vorzuspielen, was mit unserer inneren Überzeugung nicht übereinstimmt, riskieren wir unsere Glaubwürdigkeit. Verwenden Sie z. B. Gesten und eine Mimik, die selbstsicher wirken sollen, während Sie selbst an das Gesagte wenig glauben, könnten Ihre Gesten unnatürlich und aufgesetzt wirken.

> Authentisch auftreten ist eine Kunst, die Sie nur dann lernen und einsetzen können, wenn Sie versuchen, Ihre Körpersprache immer mit Ihrer inneren Haltung in Einklang zu bringen.

So werden Sie authentisch

Bevor Sie als Vorgesetzter vor Ihre Mitarbeiter treten oder vor mehreren Zuschauern Ihr Projekt oder Produkt präsentieren, müssen Sie sich eine ähnliche Frage stellen wie die Schauspieler: Was möchte ich mit meiner Aussage oder mit meinem Auftritt erreichen? Klären Sie vor jedem wichtigen Gespräch Ihr Motiv: Warum führen Sie das Gespräch und was wollen Sie damit erreichen? Versuchen Sie herauszufinden, welche innere Haltung mit diesem Zweck verbunden ist, welche Emotionen sich für Sie mit dem Gespräch verbinden - und welche davon Sie nach außen transportieren möchten. Finden Sie heraus: Möchten Sie z. B. begeistern, ermahnen, loben, zustimmen, ablehnen, für sich werben, Ihre Meinung durchsetzen oder lediglich informieren?

Was bedeutet dies für Ihren „Auftritt"?

- Ihre innere Haltung bestimmt Ihre Körpersprache. Klären Sie vorher, was Sie bei Ihrem Gegenüber erreichen wollen.
- Ihre Motive sollten durch Ihre Körperhaltung, Mimik und Gestik sichtbar werden. Es reicht nicht, dass Sie nur daran glauben, wovon Sie gerade reden. Sie müssen es auch mit Ihrer Körpersprache vertreten.
- Wie die erfolgreichen Schauspieler sollten Sie Ihre Ideen verkörpern und mit jeder Faser Ihres Körpers zu Ihrer Meinung stehen.
- Unterstreichen Sie das Gesagte nicht mit gekünstelten Gesten, die Zuschauer werden es intuitiv wahrnehmen und Ihnen misstrauen.
- Sie wollen sich nicht bloß darstellen, sondern durch Ihre Körpersprache Ihre Meinung verdeutlichen. Sie wollen Menschen mitreißen und begeistern.

Von außen nach innen

Körpersprache kann jedoch manchmal auch wie Kleidung funktionieren: Jeder kennt den Effekt, den ein Kleidungswechsel auf uns hat, etwa vom legeren Sportoutfit in den schicken Anzug zu schlüpfen - mit dem Wechsel der Kleider ändern sich unsere Gefühle. Bei der Körpersprache verhält es sich ähnlich: Sie kann unsere innere Haltung beeinflussen. Probieren Sie es aus: Gehen Sie am Morgen ins Büro und blicken Sie finster und missgelaunt - Sie werden merken, wie Ihre Stimmung sinkt. Lächeln Sie hingegen jedem entgegen, der Ihnen begegnet, und gehen Sie leicht und schwungvoll - und Sie werden merken, wie Ihre Stimmung steigt. Sie sitzen wieder einmal mit verschränkten Armen im Meeting und beobachten die Kollegen? „Entschränken" Sie Ihre Arme und legen Sie sie entspannt auf die Oberschenkel - Sie werden merken, dass Sie aufnahmefähiger für die Informationen und Botschaften der anderen werden.

Was heißt das? Dass Sie durch die Änderung Ihrer körperlichen Ausdrucksformen Ihre innere Haltung beeinflussen können. Das funktioniert natürlich nur bis zu einem gewissen Maß - und Sie sollten sich der schmalen Gratwanderung bewusst sein: Beim bewussten Einsatz körpersprachlicher Mittel besteht die Gefahr, dass Sie nicht mehr authentisch auf andere wirken. Grundsätzlich können Sie aber auch hier neue Perspektiven gewinnen, wenn Sie es wagen, „eingefleischte" Körperhaltungen, Gestik oder Mimik zu ändern.

Keine Angst vor Emotionen

Erfolgreiche Schauspieler wissen, wie man Emotionen sichtbar macht. Ihr Körper ist darauf trainiert, „durchlässig" für Emotionen zu sein. Dadurch ist ihr Spiel spannend und sie berühren uns. Durch diese Emotionen wirkt ihr Auftritt authentisch und glaubwürdig.

Oft wird uns vorgegeben, vor allem in vielen beruflichen Situationen, unsere Emotionen zu unterdrücken. Doch unser Körper spielt dieses Spiel meist nicht mit. Er verrät uns. Wenn Sie andere überzeugen möchten, sollten Sie Ihre Emotionen bewusst ausdrücken:

- Klären Sie vorher nicht nur Ziele und Motive, sondern auch Emotionen, die Sie mit Ihrem „Auftritt" verbinden.
- Machen Sie für die anderen sichtbar, was Sie wirklich bewegt, nur so werden Sie authentisch und überzeugend wirken.
- Machen Sie sich Ihren Körper zum Verbündeten. Scheuen Sie sich also nicht, lebhaft zu gestikulieren, wenn Sie von etwas reden, das Ihnen wichtig ist.
- Versuchen Sie nicht, sich hinter einem Pokerface oder einem Sachverhalt zu verstecken.
- Achten Sie darauf, dass Sie keine Gesten benutzen, die nicht mit Ihren Emotionen übereinstimmen. Sie wirken sonst gekünstelt und unglaubwürdig.

Wie Sie Körpersprache gezielt einsetzen

Ob im Vorstellungsgespräch oder bei der täglichen Begegnung mit dem Vorgesetzten, Körpersprache ist immer im Spiel. Damit Sie in allen beruflichen Situationen souverän und überzeugend wirken oder einfach nur besser mit anderen kommunizieren - setzen Sie Ihren Körper ein!

In diesem Kapitel erfahren Sie, wie Sie Ihren Auftritt optimal gestalten

- in Vorstellungsgesprächen (S. 78),
- zwischen Vorgesetzten und Mitarbeitern (S. 84),
- unter Kollegen (S. 88),
- bei Besprechungen (S. 94),
- bei Präsentationen und Vorträgen (S. 96),
- in Verkaufs- und Beratungsgesprächen (S. 106).

Im Vorstellungsgespräch

Beispiel: Wie Körpersprache unbewusst wirkt

Herr Gabriel ist Informatiker und hat ein Vorstellungsgespräch. Er besitzt eine hohe Fachkompetenz und bringt ausgezeichnete Arbeitszeugnisse mit. Das Vorstellungsgespräch läuft mittelmäßig, er weiß jedoch nicht wieso. Nach dem Gespräch geht der Personalchef in sein Büro zurück. Er ist verunsichert. Die Bewerbungsunterlagen sind professionell und Herr Gabriel verfügt über hervorragendes Fachwissen. Trotzdem glaubt er nicht, dass Herr Gabriel der Richtige für diese anspruchsvolle Führungsaufgabe ist. Wieso, kann er im Moment nicht sagen.

Was ist passiert? Herrn Gabriel war nicht klar, dass er sich nicht nur mit seinen Unterlagen bewirbt, sondern dass seine ganze Person einen Eindruck hinterlässt. Er hat die Macht der Körpersprache unterschätzt und nicht bemerkt, wie er mit eingefallenen Schultern und verschränkten Armen da saß und undeutlich vor sich hin gesprochen hat, manchmal so schnell, dass der Personalchef ihn nicht richtig verstehen konnte. Dieser hat dies zwar wahrgenommen - deshalb ist er verunsichert - er konnte sie jedoch nicht einordnen.

Was Sie als Bewerber tun können

Auch auf das Vorstellungsgespräch können Sie sich wie auf jeden anderen Auftritt vorbereiten. Es gibt verschiedene Aspekte, die Sie unbedingt beachten sollten. Denn es geht um Ihre persönliche „Vorstellung".

Die Vorbereitung: Wissen, um entspannt zu sein

- Legen Sie den Vorstellungstermin so, dass Sie entspannt und ausgeruht zum Gespräch kommen.
- Bereiten Sie sich gut vor: Lesen Sie z. B. aufmerksam die Website des Unternehmens. Wissen entspannt!
- Überlegen Sie sich genau, was Ihr Ziel ist und was Sie erreichen wollen (innere Haltung).
- Klären Sie für sich, wieso Sie genau zu diesem Unternehmen gehen wollen (innere Motive).
- Glauben Sie an sich selbst und an Ihre Fähigkeiten (innere Haltung).

Der Tag X kommt und Sie machen sich auf den Weg. Freuen Sie sich auf das Gespräch, denn Sie haben jetzt die Möglichkeit, Ihre Person und Ihr Können vorzustellen.

Der Anfang

Bevor Sie ins Zimmer treten, überlegen Sie sich genau, welchen ersten Eindruck Sie vermitteln wollen, Sie bestimmen ihn. Treten Sie selbstbewusst ins Zimmer ein und schauen Sie sich ruhig und souverän im Raum um. Lassen Sie sich von Ihrem Gesprächspartner zeigen, wo Sie sich hinsetzen können und überlassen Sie ihm die Initiative.

Versuchen Sie nicht den Raum zu dominieren, denn Sie sind bei einem Vorstellungsgespräch zu Gast! Der Bewerber, der zu gelassen wirkt, nimmt einen zu hohen Status ein, der ihm nicht zusteht. Er wirkt dadurch arrogant.

Vermeiden Sie, zögerlich oder unterwürfig zu wirken. Wenn Sie auf der Stuhlkante sitzen, wirkt das so, als hätten Sie keine Zeit oder würden sich nicht zutrauen, den Ihnen angebotenen Raum zu nehmen. Machen Sie sich nicht klein, schließlich wollen Sie den Job.

Dieser Bewerber wirkt anbiedernd oder übereifrig. Er ist nach vorne gebeugt und seine Hände sind verkrampft.

Mitten im Gespräch

- Lassen Sie den Gesprächspartner bestimmen, wie das Gespräch beginnt und überlassen Sie ihm den höheren Status. Ziehen Sie sich aber nicht in eine zu abwartende oder zu kritische Haltung zurück.
- Nehmen Sie eine entspannte und aufrechte Sitzhaltung ein (linkes Bild). Sie können die Beine übereinander schlagen, achten Sie jedoch auf eine offene Oberkörperhaltung. Halten Sie einen offenen und direkten Blickkontakt, schauen Sie auch manchmal wieder weg, sodass Sie nicht ins Anstarren kommen.
- Lassen Sie Ihren Gesprächspartner an Ihren Ideen teilhaben (rechtes Bild). Erzählen Sie von Ihren Vorstellungen und lassen Sie dabei auch Ihre Hände sprechen.
- Falls Ihr Gegenüber einem der Körpertypen entspricht, können Sie darauf reagieren (siehe S. 59 ff.).

- Überlegen Sie sich immer wieder, ob Sie sich so verhalten, wie Sie es sich vorgenommen haben, ansonsten korrigieren Sie Ihren Kurs.

Die Verabschiedung

Genauso wichtig wie die Vorbereitung und der Anfang ist die Verabschiedung. Sie können mit einem vorschnellen Gewinnergefühl Ihren ganzen Auftritt „vermiesen".

- Halten Sie die Konzentration bis zum Ende des Gesprächs - immer mit Ihrem Ziel vor Augen.
- Verabschieden Sie sich wieder mit einem freundlichen und lebhaften Händedruck.
- Signalisieren Sie bis zum Ende Ihr Interesse und Ihre Aufmerksamkeit, indem Sie z. B. ein wichtiges Element aus dem Gespräch wiederholen. Ihr Gesprächspartner weiß so, dass Sie zugehört haben.

> Bleiben Sie authentisch und machen Sie keine einstudierten Bewegungen nach.

Aus der Sicht der Führungskraft

Es kann sehr schwierig sein, eine Stelle richtig zu besetzen. Viele Personalverantwortliche machen sich die Auswahl unter der meist großen Zahl an Bewerbern deshalb nicht leicht. Doch wie gelingt es, innerhalb der kurzen Zeit eines Vorstellungsgesprächs möglichst viel über den Bewerber zu erfahren? Für Sie als Führungskraft und Interviewer kann das bedeuten, den Bewerber so gut wie möglich körpersprachlich zu unterstützen. Nur dann erhalten Sie wertvollere Informationen über ihn.

Wie Sie den Bewerber unterstützen können

- Nehmen Sie sich Zeit für das Gespräch, damit Sie nicht hektisch oder angespannt wirken - das verunsichert.
- Laden Sie den Bewerber mit einer klaren Geste in den Raum ein, in dem das Gespräch stattfindet.
- Zeigen Sie dem Bewerber, wo er sich hinsetzen kann.
- Vermeiden Sie, Ihren höheren Status in den Vordergrund zu stellen.
- Schaffen Sie einen vertraulichen Rahmen.
- Hören Sie aktiv zu und signalisieren Sie mit Ihrer Körperhaltung Interesse, indem Sie körpersprachliche Signale des Zuhörens und Verstehens aussenden, wie Augenbrauen hochziehen, Nicken, Kopf etwas schräg halten, eine offene Haltung des Oberkörpers.
- Falls Sie merken, dass der Bewerber eine verkrampfte oder ängstliche Haltung einnimmt, versuchen Sie, ihn in eine andere Körperhaltung zu bewegen, indem Sie ihm etwas zu trinken anbieten, die Sitzordnung auflösen oder aufstehen und z. B. zum Fenster gehen.

Was Sitzordnung und Büromöbel bewirken

Sie können den Status einer Person selbst durch Ihre Büromöbel heben oder senken. Setzen Sie einen Bewerber auf einen einfachen Stuhl, während Sie auf einem Sessel mit hoher Rückenlehne sitzen, wird er sich nicht wohl fühlen.

Wollen Sie eine aufrechte und offene Atmosphäre schaffen, bieten Sie Ihrem Bewerber einen gleichwertigen Stuhl an.

- Verbarrikadieren Sie sich nicht hinter Ihrem Schreibtisch und vermeiden Sie eine konfrontative Haltung, indem Sie Ihrem Gegenüber den Oberkörper frontal und angespannt zuwenden. Das kann einen Bewerber verunsichern oder abschrecken.
- Lösen Sie Ihre konfrontative Haltung hinter dem Tisch auf, indem Sie sich Ihrem Gesprächspartner seitlich zuwenden oder setzen Sie sich zu ihm, über die Ecke schräg nebeneinander.
- Überprüfen Sie, ob Sie Ihr Büro nicht neu gestalten könnten und z.B. neben Ihren Schreibtisch einen kleinen runden Tisch für Besprechungen aufstellen könnten oder eine Art Konferenzkreis aus frei stehenden Stühlen einrichten können. Es gibt mittlerweile Spezialisten, die die Innenarchitektur der Büros auch unter dem körpersprachlichen Aspekt gestalten.

Zwischen Vorgesetzten und Mitarbeitern

Beispiel: Der unverstandene Mitarbeiter

Frau Kalhammer, seit einigen Jahren Abteilungsleiterin im Bereich Produktion, führt jedes Jahr mit ihren Mitarbeitern ein Zielvereinbarungs- und Zielauswertungsgespräch. Seit sechs Monaten hat sie einen neuen Mitarbeiter, Herrn Sinz, dessen introvertierte und schüchterne Art sie nur schwer verstehen kann. Der

Mitarbeiter sitzt wie in einem Verhör im Büro seiner Chefin und wird von Minute zu Minute kleiner. Er wirkt auf Frau Kalhammer, als hätte er keine Motivation, irgendein Ziel zu vereinbaren. Frau Kalhammer wird sichtlich ungeduldig und gereizt.

Was ist passiert? Da Frau Kalhammer eine energische und fröhliche Person ist und schon immer Probleme mit introvertierten Mitarbeitern hatte, kann sie Herrn Sinz nicht gut unterstützen. Die Vorstellung, dass ihr Mitarbeiter ganz andere Bedürfnisse hat als sie selbst, fällt ihr schwer. Eigentlich hatte sich Herr Sinz Ziele vorgenommen, die er vereinbaren wollte, doch er fühlte sich in der Gegenwart von Frau Kalhammer nicht wohl. Hätte sie seine Körpersignale frühzeitig während des Gesprächs wahrgenommen, hätte sie entsprechend reagieren können.

Was können Sie als Vorgesetzter tun?

Achten Sie auf eine nicht-konfrontative Sitzordnung, wenn Sie Vertrauen schaffen wollen. Diese konfrontative Sitzhaltung am Tisch ist kaum dazu geeignet, um während eines Mitarbeitergesprächs Vertrauen aufzubauen.

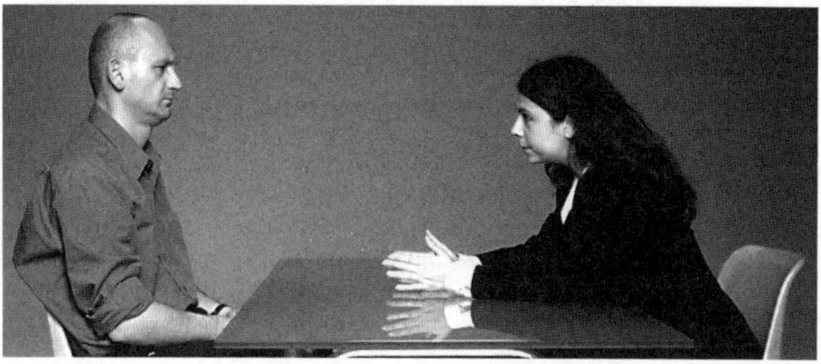

Das Sitzen über die Tischecke hingegen schafft eine angenehme Atmosphäre. Durch eine aufgeschlossene Körperhaltung, die Offenheit und Aufmerksamkeit vermittelt, können Sie eine gute Basis für das Gespräch schaffen. Dadurch ge-

ben Sie dem Mitarbeitergespräch eine positive Richtung. Nehmen Sie eine offene, Aufmerksamkeit signalisierende Körperhaltung ein. Nehmen Sie, falls nötig, einen tieferen Status ein, damit laden Sie den Mitarbeiter ein, sich mitzuteilen.

Als Führungskraft ist es wichtig, dass Sie auf die unterschiedlichen Mitarbeiter eingehen können. Finden Sie heraus, was den Mitarbeiter wirklich bewegt. Zu welchem Zeitpunkt verändert er z. B. seine Körperhaltung, zu welchem Körpertyp gehört er? Und natürlich: Begeistern Sie Ihre Mitarbeiter durch Ihre eigene innere und äußere Haltung.

Die wichtigsten Voraussetzungen für ein erfolgreiches und positives Gespräch schaffen Sie, wenn Sie zu dem Mitarbeiter eine Beziehung aufbauen, Vertrauen schaffen und ihm Sicherheit geben.

Als Mitarbeiter einen guten Stand haben

Beispiel: Vorsicht, der Chef kommt

Herr Wiesner, Buchhalter, ist sehr gewissenhaft und zuverlässig. Doch jedes Mal, wenn er seiner Chefin zufällig begegnet, versucht er, nicht aufzufallen. Er zieht seine Schultern hoch und blickt von unten nach oben. Die Begegnung ist auch für seine Chefin unangenehm. Manchmal überlegt sie, ob Herr Wiesner etwas zu verstecken hat. Herr Wiesner wundert sich, dass seine Chefin ihn so kritisch beobachtet.

Herr Wiesner macht sich förmlich klein (linkes Bild), sobald er seiner Chefin begegnet und nimmt sofort den Tiefstatus ein. Er denkt, bevor er etwas Falsches sagt, sagt er lieber gar nichts. Eine direkte und offene Begegnung zwischen den beiden ist kaum möglich.

Was Sie tun können

Wenn Sie Ihrem Vorgesetzten begegnen, richten Sie sich bewusst auf und nehmen Sie eine aufrechte Haltung ein (rechtes Bild). Versuchen Sie zu lächeln - und denken Sie daran: Sie müssen in diesem Moment nichts beweisen. Halten Sie Blickkontakt und signalisieren Sie die Bereitschaft für ein Gespräch. Der Vorgesetzte spricht gerne mit Ihnen, wenn Sie mit Ihrer Körperhaltung „Interesse" signalisieren.

Unter Kollegen

Beispiel: Neu im Team

Frau Ritter ist in ein neues Projektteam gekommen, das an der Einführung einer neuen Software arbeitet. Sie ist erst seit kurzem im Unternehmen und kennt noch nicht viele Kollegen. Sie ist unsicher und weiß nicht, wie sie auf ihre neuen Kollegen zugehen soll ...

Körpersprache als Orientierung

Wenn Sie neu im Unternehmen oder im Team sind, müssen Sie sich schnell zurechtfinden. Wenn Sie die körpersprachlichen Signale Ihrer neuen Kollegen deuten können, kann Ihnen das den Einstieg erleichtern und Sie sogar vor Missverständnissen und Ärger bewahren. Folgende Signale nützen Ihnen jedoch nicht nur dann, wenn Sie neu sind, sondern beim Networking im Allgemeinen - auch, wenn Sie schon länger im Unternehmen sind.

- Achten Sie in Meetings oder Kaffeepausen besonders darauf, welche Körperhaltungen die Kollegen einnehmen, wenn sie miteinander oder mit Ihnen reden. Überwiegt die geschlossene misstrauische Haltung, treten Sie nicht zu forsch oder unsicher auf. Drücken Sie mit Ihrer aufgeschlossenen Körperhaltung und offenen, ruhigen Gesten Souveränität und Ruhe aus. Sie haben nichts zu verbergen und wollen niemandem schaden. Sie wirken aufmerksam, doch nicht übertrieben neugierig und können sich jederzeit zurückziehen.

- Auf welche Art und Weise hören die Kollegen einander zu: Sie merken schnell, wer mit wem gut auskommt. Die Kollegen signalisieren schnell ihr Desinteresse, indem sie nicht richtig zuhören oder immer wieder während des Gespräches wegschauen. Wer fällt wem ins Wort und zeigt damit seinen höheren Status?
- Wann und wo bilden sich Gruppen, sind diese geschlossen oder offen? Dazu mehr auf der nächsten Seite.
- Achten Sie darauf, dass Sie Ihren Status der neuen Situation anpassen. Nehmen Sie nicht einen zu hohen Status ein, denn Sie sind neu im Team.
- Versuchen Sie aber auch nicht durch das Einnehmen eines tieferen Status anzudeuten, Sie wären froh, überhaupt dabei zu sein, und bereit, jede noch so kleine Aufgabe zu übernehmen.
- Treten Sie souverän und ruhig auf, signalisieren Sie mit Ihrer Körperhaltung Aufmerksamkeit und Offenheit.
- Dringen Sie nicht in die Intimzone der Kollegen ein, indem Sie ihnen zu nahe treten oder sie sogar anfassen.
- Respektieren Sie die Andersartigkeit Ihrer Kollegen und entwickeln Sie ein Verständnis für andere Lösungen und

Einstellungen. Auch wenn Sie nicht der gleichen Meinung sind, signalisieren Sie Ihre Aufgeschlossenheit.

- Falls Sie sich bedrängt oder unterschätzt fühlen, grenzen Sie sich körperlich ab und nehmen Sie ruhig, falls erforderlich, den höheren Status ein.

> Auch im Team ist der erste Eindruck, den Sie hinterlassen, wichtig. Überlegen Sie sich genau, wie Sie „auftreten" wollen.

Gruppen

Beispiel: Geschlossene Veranstaltung?

In der Pause versorgen sich die Seminarteilnehmer mit Kaffee und Fingerfood. Einzelne Gruppen bilden sich und Frau Lang überlegt, wo sie sich dazustellt. Ach, da stehen ein paar Kollegen zusammen, Frau Lang begibt sich zu ihnen. Kaum hat sie sich dazugesellt, verstummt die Gruppe.

Was ist passiert? Frau Lang hätte erkennen können, dass die Gruppe, die sich bewusst am Rande des Raumes platziert hat, nicht gestört werden wollte. Die Kollegen sprachen leise miteinander und rückten nah zusammen, sie wollten sich abgrenzen. Hätte Frau Lang diese Kennzeichen deuten können, hätte sie sich den peinlichen Vorfall erspart. Es gibt Gruppen, die für neue Mitglieder offen sind, und Gruppen, die Neuankömmlingen eher misstrauisch oder abweisend begegnen, weil sie als störend empfunden werden. Mit wem Sie Kontakte knüpfen oder zu welcher Gruppe Sie sich dazustellen können, um sich zu unterhalten, erkennen Sie leicht an folgenden Eigenschaften:

Bei der offenen Gruppe

- stehen die Personen in einem lockeren Kreis, jederzeit kann jemand gehen oder kommen. Die Gruppe steht meist mitten im Raum.
- Die Aufmerksamkeit liegt nicht nur bei einer Person, sondern wandert immer wieder zu anderen Personen.
- Es herrscht öfters eine heitere Stimmung.

Bei einer geschlossenen Gruppe

- stehen die Personen enger beieinander. Die Gruppe bildet zusammen eine Einheit und kehrt der Außenwelt den Rücken zu.
- Alle sprechen eher leise.

Vermeiden Sie es, geschlossene Gruppen zu stören, es sei denn, Sie wollen sich unbeliebt machen. Wenn Sie z. B. bei einer Veranstaltung einen Raum betreten, schauen Sie sich zunächst in Ruhe um und achten Sie auf die beschriebenen

Merkmale. Sie werden gleich die Gruppen erkennen, die offen sind für neue Kontakte.

Konflikte im Team wahrnehmen

Im Team zu arbeiten, bedeutet für jeden eine große Herausforderung. Da ganz unterschiedliche Typen von Menschen aufeinander treffen und jeder seine eigene Perspektive besitzt, sind Konflikte und Krisen so gut wie vorprogrammiert. Sollte sich ein Konflikt oder eine Krise anbahnen, werden Ihre Kollegen, bevor sie es auf einer verbalen Ebene äußern, körpersprachliche Signale senden, die auf drohenden Ärger hindeuten oder die Bitte um „Hilfe" signalisieren:

- eingefallene, geschlossene Körperhaltung,
- hängende Schultern und Arme,
- nach vorne gesenkter Kopf,
- sparsame Gestik und Mimik,
- häufiges Stirnrunzeln.

Wenn Sie diese Signale wahrnehmen, sprechen Sie Ihre Kollegen vorsichtig an und überprüfen Sie, ob Ihre Wahrnehmung richtig ist und ob Sie Ihre Unterstützung anbieten können. Wenn Ihr Kollege die Unterstützung akzeptiert, achten Sie darauf, dass

- Sie eine konfrontative Sitzordnung vermeiden und sich nebeneinander oder über die Tischecke setzen, da diese Sitzordnung eine gemeinsame Perspektive schafft,
- eine entspannte und aufmerksame Körperhaltung einnehmen und Sie zu ausladende Gesten vermeiden,

- wahres Interesse zeigen, zuhören und Blickkontakt halten und eine warme Stimme benutzen.

Wie Sie sich Kollegen „vom Leib“ halten

Es gibt Arbeitskollegen, die immer etwas Spannendes zu berichten haben, gerade dann, wenn wir unsere Ruhe haben wollen oder uns gerne über andere Dinge unterhalten würden, als über das neue Auto des Chefs oder über den neuesten Misserfolg anderer Kollegen. Solche gut informierten Kollegen rücken einen richtig auf die „Pelle“.

Der Herr auf dem linken Bild berichtet von etwas, wofür sich seine Kollegin nicht richtig begeistern kann. Sie fühlt sich sichtlich bedrängt. Wie entkommt sie dieser Bedrängnis? Einfach, aber verblüffend: Indem sie einen Schritt zur Seite tut und sich vor dem Kollegen aufrichtet (linkes Bild). Dadurch deutet sie körperlich an, dass sie Abstand gewinnen will. Die verschwörerische Gemeinschaft, die der Kollege herstellen wollte, wird dadurch aufgelöst, und es wird ihm schwer fallen, mit seiner Geschichte fortzufahren.

Bei Besprechungen

Beispiel: Das Anliegen wieder nicht durchgesetzt

Jeden Montagmorgen findet bei einem Automobilzulieferer der Jour fixe statt. Mitarbeiter und Vorgesetzte treffen sich, um die bevorstehende Woche zu besprechen. Herr Karl will heute einen Punkt ansprechen, der ihm sehr wichtig ist, er hat es sich fest vorgenommen. Nach und nach setzen sich alle und die Sitzung beginnt. Die Agenda wird abgearbeitet und nach 70 Minuten ist der Jour fixe zu Ende. Danach bilden sich kleine Gruppen, die zusammenstehen, bis alle in ihren Arbeitsräumen verschwinden. Herr Karl ist enttäuscht, denn er hat sein Anliegen nicht anbringen können.

Die Wahrnehmung unsichtbarer Netze

In den meisten Besprechungen geht es darum, dass alle Beteiligten ihre Interessen und Meinungen einbringen, sie den anderen gegenüber vertreten und danach gemeinsam einen Konsens finden. Jedem ist es selbst überlassen, wie gut er sich einbringt und sich den anderen gegenüber behauptet.

Gerade Besprechungen geben Ihnen aufschlussreiche Informationen über Beziehungs-Konstellationen. Hier erfahren Sie Wesentliches über die jeweilige Unternehmenskultur und darüber, wie Sie Ihren Standpunkt vertreten können.

Worauf Sie vor der Besprechung achten

Beobachten Sie: Wer steht mit wem zusammen? Wer spricht sehr lange mit wem? Wer begrüßt wen und auf welche Art und Weise? Wer scherzt mit wem? Jetzt wissen Sie

- welche Mitarbeiter sich solidarisieren, indem sie ähnliche Körperhaltungen einnehmen,
- wer sich eher aus dem Weg geht,
- wer hohen Status und wer niedrigen Status besitzt,
- wer Sie boykottieren könnte, wenn Sie etwas präsentieren - diese Person weicht Ihnen aus und hat keinen direkten Blickkontakt zu Ihnen. Sie wird sich während der Sitzung nie neben Sie setzen -,
- wen Sie als Verbündeten einbinden sollten, um Ihr Interesse oder Ihre Aufgabe im Unternehmen durchzusetzen.

Während der Besprechung

- Betreten Sie den Besprechungsraum mit energischen, Raum greifenden Schritten. Passen Sie jedoch die Größe der Schritte Ihrer Statur an. Ein kleiner Mensch, der ganz große Schritte macht, wirkt verkrampft oder grotesk.
- Ziehen Sie sich körpersprachlich nicht zurück, wenn Sie noch nicht an der Reihe waren oder wenn Ihre Argumente nicht ins Schwarze getroffen haben, z. B. indem Sie Ihre Arme verschränken und sich zurücklehnen.
- Schauen Sie Ihren Kollegen in die Augen.
- Sprechen Sie laut und deutlich. Sie haben etwas zu sagen und wollen Ihr Interesse kundtun.
- Wenn niemand auf Ihrer Seite ist, können Sie nicht darauf warten, dass man Ihnen den Freiraum zum Sprechen gibt. Nehmen Sie sich Ihren Raum aktiv und kündigen Sie mit einer Körperhaltung oder Geste Ihren Redeanteil an: Ein im Sitzen aufgerichteter Oberkörper und eine in den Luftraum über den Tisch leicht ausgestreckte Hand, begleitet

von einem ruhigen, in der Runde wandernden Blick, ermöglicht es Ihnen, ins Geschehen einzugreifen. Halten Sie die Geste aus, auch wenn es Ihnen wie eine Ewigkeit vorkommt, Sie werden über die Wirkung erstaunt sein.

Wenn Sie präsentieren

Beispiel: Die Botschaft bleibt unklar

Herr Beck soll bei der Kick-off-Veranstaltung seiner Bank vor etwa 180 Filialleitern über die Einführung eines neuen Beratungsmodells sprechen. Die Filialleiter kennen noch keine Details, doch die bevorstehende Veränderung erfüllt die meisten von ihnen mit Skepsis. Sie müssen die Informationen an ihre Mitarbeiter weitergeben, im Vorfeld haben jedoch schon viele Gerüchte die Runde gemacht. Herr Beck betritt die Bühne flott mit einem großzügigen Lächeln und beginnt, in einem raschen, doch lockeren Tempo über die bevorstehenden Veränderungen zu referieren. Er steckt leger eine Hand in die Hosentasche und geht während seiner Rede hin und her, vor und zurück. Es scheint, als würde er mit seiner ganzen Erscheinung gutes Wetter machen wollen. Wer ihn kennt, sagt: „Ja, so ist er eben, entspannt und direkt", doch der Großteil der Zuschauer fühlt sich verunsichert. Die Filialleiter gewinnen den Eindruck, dass Herr Beck von den Schwierigkeiten der Einführung des neuen Beratungsmodells entweder keine Ahnung hat oder sie auf die leichte Schulter nimmt.

Jedes Mal wenn Sie vor Ihre Mitarbeiter, Kollegen oder ein größeres Publikum treten, ist es so, als würden Sie als Hauptdarsteller in einem Stück spielen. In diesem Stück müssen Sie das, was Ihnen wichtig ist, über die Rampe bringen. Das schaffen Sie nur dann, wenn Sie Ihre Darstellung durch klare

Körpersignale unterstützen. Wenn Sie wie Herr Beck nicht den adäquaten körperlichen Ausdruck für die Inhalte Ihrer Rede finden, werden Sie eher Verwirrung als Klarheit hervorrufen. Achten Sie also darauf, dass Sie die Inhalte, die für Sie wichtig sind, durch Ihre Körperhaltung, Mimik und Gestik unterstützen. Dadurch wird Ihr Auftritt nicht nur glaubwürdig, sondern auch fesselnd wirken. Sind Sie selbst von der Idee begeistert, drücken Sie es durch Ihre lebendige Körpersprache aus. Ihre Zuschauer werden Ihrem Vortrag gespannt und mit Begeisterung folgen.

Vor dem Auftritt

- Üben Sie Ihre Rede laut und probieren Sie die Gesten und Gangarten dazu aus. Machen Sie eine Übung für Ihre Präsenz und für Ihre Stimme (siehe S. 171, 181 ff., 234).
- Wenn es möglich ist, machen Sie sich vor Ihrem Vortrag mit dem Raum vertraut, in dem Sie auftreten werden. Probieren Sie auf der Bühne Ihre Gangarten und Ihre Stimme aus. Falls Sie ein Mikrofon brauchen, machen Sie vorher einen Technik-Check, um Ihre verstärkte Stimme zu hören und technische Pannen zu vermeiden.
- Setzen Sie sich auf die Plätze, wo Ihre Zuschauer sitzen würden, und stellen Sie sich vor, wie Sie wirken werden.

Was tun gegen Lampenfieber?

Beispiel: Unberechenbare Reaktionen

Herr Simon hat sich für seinen Vortrag hervorragend vorbereitet, sein Manuskript ist perfekt, die Präsentationsfolien ein Meisterwerk. Doch dann, kurz vor dem

Auftritt, packt ihn das Lampenfieber. Sein Körper verspannt sich, seine Mimik erstarrt, die Stimme zittert. Von der Aufregung überwältigt, tritt er überhastet auf. Er hat plötzlich das Gefühl, besonders schnell und kraftvoll sein zu müssen. Er gestikuliert noch lebhafter als sonst und schießt förmlich über das Ziel hinaus. Schnell macht sich der Eindruck breit, er würde um die Aufmerksamkeit der Zuschauer buhlen. Herr Simon nimmt seinen Übereifer wahr und rudert zurück; er verlangsamt das Tempo. Doch unerwarteterweise verliert er dadurch seinen Enthusiasmus, hat plötzlich das Gefühl, in einer Art Zeitlupe zu agieren. Seine Gesten wirken zögerlich, seine Stimme scheint die Zuschauer nicht mehr zu erreichen. Er fühlt sich, als würde er im dicken Nebel stecken.

Was kann man dafür tun, dass ein Vortrag ein gelungener und überzeugender Auftritt wird und man dem Lampenfieber nicht schutzlos wie Herr Simon ausgeliefert ist?

Direkt vor dem Auftritt

- Bauen Sie den Druck ab, indem Sie durch leichtes Schütteln die Verspannung Ihrer Muskeln lösen. Dann spannen Sie die Muskeln wieder an. Strecken Sie sich, treten Sie auf den Zehenspitzen und strecken Ihre Hände nach oben. Klopfen Sie leicht auf Beine, Arme, Po und Brustkorb.
- Atmen Sie tief durch und stoßen Sie kurz die Luft aus.
- Denken Sie an angenehme Erlebnisse zurück und lächeln Sie. Durch ein Lächeln verändert sich die Gesichtsmuskulatur und die Stimme bekommt hellere Klanganteile.

Wenn die Stimme plötzlich weg ist

In Situationen, in denen Sie viel sprechen müssen, besteht die Gefahr, dass Sie heiser werden. Um das zu vermeiden, können Sie auf folgendes achten:

- Der Raum, in dem Sie sprechen, sollte gut gelüftet sein. Achten Sie in Ihren eigenen Räumen auch auf die richtige Luftfeuchtigkeit des Raums.
- Trinken Sie viel während des Tages. Nicht nur Ihr Körper freut sich über die Flüssigkeit, sondern auch Ihre Stimme.
- Wenn Sie heiser werden, versuchen Sie nicht zu flüstern, denn das strengt die Stimme noch mehr an. Machen Sie stattdessen mehr Pausen. Husten Sie kurz statt sich zu räuspern.

Auf der Bühne

Die ersten Schritte

Schon im ersten Augenblick, wenn Sie die Bühne betreten, richten sich die Blicke der Zuschauer auf Sie und verfolgen jede Ihrer kleinsten Bewegungen.

Betreten Sie die Bühne nicht überhastet und steuern Sie nicht direkt auf das Rednerpult, um Ihre Rede sofort mit einem hochkonzentrierten Gesicht zu beginnen. Sie ähneln sonst einem Schiffbrüchigen, der endlich ein rettendes Stück Holz erspäht hat. Auch wenn Sie eine auflockernde Anekdote am Anfang Ihres Vortrages eingebaut haben, Ihr Körper signalisiert: „Hoffentlich ist das hier alles bald vorbei."

Die Zuschauer werden Ihnen in einem solchen Fall entweder innerlich folgen und froh sein, wenn Sie Ihren Vortrag beendet haben, oder gleich abschalten (linkes Bild).

Sollten Sie allerdings zu routiniert und locker auftreten und den Eindruck vermitteln, als wären Sie auf der Bühne geboren, wird das Publikum früher oder später an den Motiven Ihres Auftritts zweifeln und in Ihnen einen Selbstdarsteller vermuten (rechtes Bild). Achten Sie also schon beim ersten Schritt auf die Bühne, dass Sie

- nicht zu überspannt und „zielgerichtet" auftreten.
- nicht zu flockig oder salopp auftreten, es sei denn, Sie wollen eine Rede bei einem Betriebsausflug halten.

- Sie nicht mit Ihrer Mimik andeuten, dass Ihnen und dem Publikum eine schwierige Aufgabe bevorsteht.
- Strahlen Sie auch nie ein Ihnen unbekanntes Publikum mit einem breiten Lächeln an. Das kommt nur in einer Fernsehshow gut an, wo das Publikum schon vorher stundenlang den Applaus geübt hat.
- Vermeiden Sie kurze, zögerliche Schritte und einen suchenden Blick, Sie wirken sonst überfordert.
- Sie wollen mit Ihrer Rede begeistern und mitreißen. Treten Sie aufgeschlossen und energisch auf, sehen Sie das Publikum mit einem offenen, aufrichtigen Blick an.

Von welcher Seite treten Sie auf?

Die Richtung, aus der wir auf eine Bühne treten, erzählt schon etwas über uns:

- Wenn Sie von vorne links kommen, wenden Sie dem Publikum lange Zeit nur eine Seite zu, Sie sind sozusagen noch gar nicht ganz vorhanden. Der seitliche Auftritt war früher im Theater vor allem für Boten und Diener reserviert. Ein Held kam nie einfach so um die Ecke.

- Wenn Sie von hinten links diagonal über die Bühne kommen, ist Ihr Weg länger, Sie sehen die Zuschauer schon längere Zeit von vorne, haben also die Möglichkeit, früh eine Beziehung zu ihnen aufzubauen. Ihr Gang signalisiert, das Sie von weit her kommen, Sie haben also möglicherweise eine interessante Geschichte zu erzählen.
- Ähnlich wirkt es, wenn Sie von rechts vorne oder von rechts hinten kommen. Da wir in westlichen Kulturen von links nach rechts lesen, wirkt der Auftritt von rechts eher irritierend und ungewöhnlich, macht uns aber neugierig.
- Ein Auftritt vom Bühnenhintergrund bis in die Mitte der Bühne bezeichnet man im Theater als einen königlichen Auftritt. Man geht frontal auf das Publikum zu, das Publikum ist gebannt durch die Kraft der Perspektive. Allerdings darf der König auf seinem Weg nach vorne nie zu nah an die Rampe treten, er würde sofort anbiedernd wirken, weil er sich zu nah zu seinem Volk begibt.
- Wenn Sie sich vom Zuschauerraum aus auf die Bühne bewegen, heißt dies, dass Sie ein Teil des Publikums sind. Das können Sie ruhig betonen, indem Sie auf Ihrem Weg auf die Bühne schon mit dem Publikum in Kontakt treten, z. B. durch Blicke. Achten Sie darauf, dass Ihr Auftritt schon in dem Moment beginnt, in dem Sie sich aufgerichtet haben.

Die Körperhaltung

Während des Vortrages oder der Präsentation sollten Sie besonders darauf achten, dass Sie einen klaren und festen

Stand haben. Er spiegelt am deutlichsten Ihre innere Einstellung wider. Stehen Sie aufrecht und offen da. Vermeiden Sie auch eine breitbeinige Cowboyhaltung, sie könnte kraftmeierisch oder überheblich wirken. Vermeiden Sie es, die Arme vor der Brust oder hinter dem Rücken zu kreuzen - das kann Unsicherheit oder Ablehnung signalisieren. Kippen Sie Ihren Körper nicht zur Seite und vermeiden Sie die Spielbein- und Standbeinhaltung. Das wirkt, als wären Sie sich Ihrer Sache nicht sicher. Verlagern Sie Ihr Körpergewicht nicht auf die Fersen zurück, es könnte Verunsicherung und Unbehagen vermitteln. Stehen Sie ruhig und mit leicht ausgestrecktem Körper da, kneifen Sie Ihre Pobacken zusammen und schieben Sie Ihr Becken leicht nach vorne.

Vermeiden Sie jede rhythmische Bewegung, wie mit dem Fuß klopfen, nach vorne und hinten wippen oder den Oberkörper hin und her zur Seite wenden. Sie könnten damit Ihre Zuschauer irritieren oder, noch schlimmer, einschläfern. Laufen Sie nicht ziellos hin und zurück, es wirkt als wären Sie unkonzentriert oder hätten es eilig. Wenn Sie auf der Bühne gehen, sollte dies motiviert wirken, wenden Sie sich an einen der Zuschauer oder zeigen Sie etwas auf der Präsentationsfolie.

Wenn Sie schon auf der Bühne stehen und noch darauf warten müssen, bis der Moderator Sie vorgestellt hat oder Ihr Vorredner seinen Beitrag beendet hat, machen Sie sich nicht unsichtbar und halten Sie Ihre Körperspannung.

Mimik und Gesten

Für die Mimik während des Vortrags ist es am Wichtigsten, dass Sie Augenkontakt mit Ihrem Publikum halten. Lassen Sie Ihre Hände sprechen. Erzeugen Sie mit ruhigen Gesten und mit Ihrem Blickkontakt Spannung. So strahlen Sie Souveränität und Ruhe aus.

Vermeiden Sie Gesten, die unsicher oder zu lässig wirken könnten: Verstecken Sie Ihre Hände nicht hinter dem Rücken oder in der Hosentasche, es wirkt im ersten Fall verunsichert, im zweiten Fall zu lässig. Verschränken Sie nicht Ihre Arme vor der Brust, reiben oder quetschen Sie Ihre Hände nicht und krallen Sie sich nicht am Rednerpult oder an Ihrem Manuskript fest. Vermeiden Sie auch, während des Vortrags Ihr Gesicht mit der Hand zu bedecken, sich an der Nase oder am Nacken zu kratzen. Diese Gesten wirken konfus, man könnte sogar den Eindruck haben, Sie wollen etwas verheimlichen oder Sie glauben nicht an das, was Sie sagen.

Im Raum wirken

Damit Sie im Raum optimal wirken, sollten Sie nicht in der Bühnenmitte verharren, da Sie so zwar stark, aber auch starr wirken. Wenn Ihr Platz nicht durch ein Rednerpult vorbestimmt ist, suchen Sie sich vielmehr einen Platz, der ein wenig rechts oder links von der Mitte ist.

Der Bühnenrand ist eine wichtige Grenze zwischen Ihnen und Ihren Zuschauern: Stehen Sie nicht zu weit davon entfernt, dies könnte ängstlich wirken. Sie sollten aber auch nicht zu nah am Bühnenrand stehen, da dies übereifrig und anbiedernd wirken kann.

Wenn etwas Unvorhergesehenes passiert, z. B. eine technische Panne oder Zwischenrufe, benennen Sie den Vorfall und gehen Sie in Ihrer Rede kurz darauf ein - denn jeder hat ihn ja gesehen oder gehört. Damit verhindern Sie, dass Sie den Eindruck erwecken, Ihnen wäre das Ereignis peinlich.

Balance zwischen Spannung und Entspannung

Ein guter Redner schafft es, die Balance herzustellen zwischen der körperlichen Spannung, die von seinem Engagement zeugt, und der Entspannung, die seine Souveränität und innere Ruhe ausdrückt. Achten Sie also bei Ihrem Vortrag darauf, dass Sie nicht die ganze Zeit eine leidenschaftliche Vorstellung geben, die Ihre Zuschauer förmlich in die Stühle hineindrückt. Verändern Sie die Dynamik Ihrer Gesten und Gänge. Eine mitten in der Bewegung angehaltene Geste oder ein angehaltener Schritt können Spannung erzeugen oder Neugier wecken auf das, was folgt. Eine energische und unterstützende Handgeste verstärken Ihre Aussage. Eine aufgeschlossene Körperhaltung mit einladenden und offenen Gesten wirkt auf das Publikum entspannend, sie signalisiert Offenheit und Bereitschaft zum Meinungsaustausch.

Am Ende des Vortrags

Achten Sie darauf, dass Sie nach dem Ende Ihres Vortrags präsent bleiben: Sacken Sie also nicht in sich zusammen oder geben Sie sich nicht plötzlich locker, wenn Sie vorher leidenschaftlich aufgetreten sind. Vielen von uns ist Applaus peinlich: Versuchen Sie, ihn zu genießen, indem Sie ihn mit einem freundlichen Blick auf Ihre Zuschauer, ohne falsche Scham, empfangen. Damit würdigen Sie auch Ihr Publikum - und Sie runden Ihren Auftritt optimal ab.

Beim Verkaufen und Verhandeln

Beispiel: Der bedrängte Kunde

Herr Möller ist Vertriebsmitarbeiter einer Softwarefirma und präsentiert einem neuen Kunden sein Produkt. Der Kunde ist ein introvertierter, ruhiger Mensch. Er spricht leise, verwendet sparsame und kleine Gesten. Herr Möller gibt sich enthusiastisch und selbstsicher. Mit großen und ausladenden Gesten unterstreicht er den Erfolg seiner Firma und die Qualität seiner Lösung: Der Kunde fühlt sich sichtlich unwohl, von Kaufen ist nicht die Rede.

Was ist passiert? Herr Möller hat die körpersprachlichen Signale des Gegenübers ignoriert und damit sind ihm wichtige Informationen entgangen. Wäre ihm aufgefallen, wie sein Kunde körperlich „strukturiert" ist, hätte er reagieren können: Herr Möller hätte sich selbst nicht so viel Raum genommen, sondern dem schüchternen Kunden Raum überlassen, indem er seine ausladende Gestik der sparsamen der Gestik des Kunden angepasst hätte.

Auf den Gesprächspartner eingehen

Bei jedem Kundenkontakt oder bei jeder Verhandlung ist es hilfreich, sich vom Gegenüber ein Bild zu machen. Bietet sich vorher nicht die Gelegenheit, mit dem Kunden persönlich zu sprechen, werden Sie spätestens beim ersten Treffen die Informationen erhalten, die Sie brauchen, um ihn und seine Bedürfnisse zu verstehen. Wenn ein Verkäufer wie Herr Möller, der leidenschaftlich und lebhaft gestikuliert, auf einen detailversessenen, gründlichen oder schüchternen Kundentyp trifft, kann es passieren, dass die beiden keine gemeinsame Sprache finden und der engagierte „Körpereinsatz" des Verkäufers umsonst war.

Wann das „Spiegeln" hilfreich ist

Die Körperhaltung des anderen „spiegeln" heißt, dass Sie versuchen, eine ähnliche Körperhaltung einzunehmen und auch ähnliche Gesten ausführen. Dadurch drücken Sie Ihr Einverständnis mit dem Gesagten aus und bauen eine Beziehung auf.

Das Spiegeln bietet somit eine gute Basis, um gerade bei potenziellen Kunden in ein Verkaufsgespräch einzusteigen. Sie sollten dabei aber auch beachten, dass Spiegeln kein Zaubermittel ist. Ist Ihr Kunde scheu und verschlossen, hilft spiegeln wenig. In diesem Fall wäre eine offene Haltung, die Vertrauen und Zuversicht ausdrückt, empfehlenswerter. Die zweite Abbildung auf der vorigen Seite zeigt, wie der Verkäufer die gleiche Haltung wie der Kunde einnimmt und auf diese Weise den Kontakt fördert.

> Versuchen Sie nicht, mit angelernten Körperhaltungstricks den Kunden zu beeinflussen. Nur durch Ihr wahres Interesse am Kunden ist Ihr Körperausdruck authentisch und Ihr Kunde baut Vertrauen auf.

Erkennen, dass ein Kunde nichts kaufen will

Wenn Sie merken, dass der Kunde geschlossene Körpersignale sendet, versuchen Sie durch eine Frage herauszufinden, welche Vorbehalte er hat. Bevor Sie zum Abschluss kommen, überprüfen Sie nochmals genau die körpersprachlichen Signale des Gegenübers. Falls alles auf Ablehnung deutet, starten Sie einen neuen Versuch und überlegen Sie sich andere Argumente.

An folgenden Signalen erkennen Sie, dass Ihr Kunde von Ihrem Angebot nicht überzeugt ist:

- verschränkte Arme, übereinander geschlagene Beine, der Blick wendet sich ab,
- verschränkte Arme, im Stuhl zurückgelehnt,
- verschränkte Arme, Hände zu Fäusten geballt,
- die Hand ständig im Gesicht,
- ein nach unten gesenkter Kopf,
- der Kopf wird mit der Hand aufgestützt.

Kreuzt der Kunde die Fußknöchel, könnte er Bedenken zurückhalten oder sich unwohl fühlen. Fragen Sie dann dezent nach. Wenn er die Hände auf die Oberschenkel stützt, obwohl Sie mitten im Gespräch sind, möchte der Kunde das Treffen beenden. Er begibt sich in Startposition.

Die Kunst, zu verkaufen ohne zu verkaufen

Vermeiden Sie Körpersignale, die darauf hindeuten, dass Sie unter Verkaufsdruck stehen. Sonst besteht die Gefahr, dass beim Kunden die Botschaft ankommt: „Ich muss Ihnen jetzt hier etwas verkaufen, sonst dürfen Sie den Raum nicht verlassen." In der ersten Abbildung steht der Verkäufer unter Druck. Die Kundin lehnt sich zurück und will eigentlich weg.

Die zweite Abbildung zeigt den souveränen Verkäufer mit einem interessierten Kunden.

So bleiben Sie souverän

- Ein souveräner und ruhiger Verkäufer schafft eine angenehme und entspannte Atmosphäre. Versuchen Sie, ein Zusammenspiel zwischen Spannung und Entspannung zu erzeugen, um so das Interesse beim Kunden zu wecken. Achten Sie auf die Balance von „sprechen" und „zuhören". Der Kunde will von Ihren Argumenten und Ihrer Stimme nicht überschwemmt werden.
- Sprechen Sie nicht zu schnell und nehmen Sie unnötigen Druck aus Ihrer Stimme.

- Beim Zuhören nehmen Sie eine entspannte und trotzdem aufmerksame Körperhaltung ein. Hören Sie dem Kunden wirklich zu und schauen Sie ihn wirklich an, er schenkt Ihnen in jeder Sekunde viele Informationen.
- Achten Sie auf den Wechsel der Körperhaltung Ihres Kunden. Diese können auf positive oder negative Änderungen der inneren Haltung dem Produkt oder Ihnen gegenüber hindeuten. Fragen Sie nach, wenn Sie einen deutlichen Wendepunkt in der Körperhaltung wahrgenommen haben, ob der Kunde sich z. B. noch mehr Informationen wünscht.

Berücksichtigen Sie die unterschiedlichen Körpertypen

Bevor Sie Ihre Kunden in die unterschiedlichen Körpertypen aufteilen, sollten Sie sich selbst überlegen, welchem Körpertyp Sie eher entsprechen. Die Beschreibung der Körpertypen finden Sie im Kapitel „Körpersprachliche Signale verstehen", ab S. 59.

> Die Körpertypen sind eine erste Orientierungshilfe, wie Sie mit Kunden umgehen können, die Ihnen nicht vertraut sind.

Wer auf verschiedene Kunden eingeht und entsprechend reagiert, entwickelt mit der Zeit ein Feingefühl für die Unterschiede - bald wird es dann Spaß machen, den jeweiligen Kundentyp herauszufinden.

Der Dominante

Ein dominanter Kunde weiß meistens, was er möchte - warum braucht er dann eigentlich einen Verkäufer? Um ihn in seiner Wahl zu bestätigen. Nur, wenn der Verkäufer einen unsicheren Eindruck vermittelt, sein Wissen oder seine Position anzweifelt, kann er auch jederzeit abspringen. Einem dominanten Kunden gegenüber sollten Sie deshalb vor allem darauf achten, dass Sie

- eine aufgeschlossene und souveräne Haltung einnehmen, die Sicherheit und Überzeugung ausstrahlt,
- höflich sind,
- den Kunden aussprechen lassen, sein Wissen respektieren und ihn gelegentlich loben,
- nicht versuchen, einen höheren Status einzunehmen,
- ihn nicht belehren.

Der Genaue

Ein genauer Kunde legt großen Wert auf höfliches und korrektes Auftreten und ist oft an vielen Details interessiert, die Ihnen vielleicht gar nicht so wichtig erscheinen. Einem genauen Kunden gegenüber achten Sie deshalb vor allem darauf, dass Sie

- ihn höflich begrüßen,
- nicht zu große und zu schnelle Gesten machen,
- ihm aufmerksam zuhören,
- mit Ihrer Körperhaltung Offenheit, Ruhe und Geduld signalisieren - Sie sind bereit, jede Frage zu beantworten, je-

des Missverständnis aus dem Weg zu räumen und alles Kleingedruckte zu erläutern.

Der Macher

Der Macher-Kunde möchte im Verkäufer einen Partner finden, der bereit ist, gemeinsam mit ihm neue Lösungen zu finden. Er wird sich gerne auf eine neue und schwierige Verhandlung einlassen. Einem Macher-Kunden gegenüber achten Sie vor allem darauf, dass Sie

- durch vitale Gesten Ihre Aussagen unterstützen,
- sich körpersprachlich auch seinem Habitus anpassen,
- nicht am Stuhl kleben oder in einer Körperhaltung verharren,
- laut und lebhaft sprechen. Sie dürfen einen Macher zwischendurch während seiner Aussage laut bestätigen, sogar je nach Situation ins Wort fallen; er wird es Ihnen nicht übel nehmen, weil er dies von sich selbst kennt.

Der Zwischenmenschliche

Ein zwischenmenschlicher Kunde erwartet vom Verkäufer vor allem, dass er ihn nicht enttäuscht. Das Vertrauen ist manchmal wichtiger als die Information, z. B. über das Produkt, eine gute zwischenmenschliche Beziehungen manchmal wichtiger als Rabatt oder Kostensenkung. Dieser Kunde ist ein treuer Kunde, aber wer sein Vertrauen strapaziert, wird es schwer haben, ihn wiederzugewinnen. Einem zwischenmenschlichen Kunden gegenüber achten Sie vor allem darauf, dass Sie

- ihn nicht zu steif und reserviert begrüßen, sondern herzlich und warm,
- sich genug Zeit für Small Talk nehmen, um eine persönliche Atmosphäre zu schaffen,
- sich in Ihrem Körper wohl fühlen, indem Sie eine entspannte und aufgeschlossene Haltung einnehmen,
- durch Ihre Körperhaltung und Gestik Offenheit und Aufrichtigkeit vermitteln,
- ihm auch einmal ein zusätzliches Lächeln schenken oder mit ihm gemeinsam in der Betriebskantine essen oder eine Tasse Kaffee trinken.

Der Schüchterne

Ein schüchterner Kunde mag eigentlich keine Verkäufer. Er ist misstrauisch, kritisch und verschlossen. Er ist eine richtige Herausforderung für jeden Verkäufer, doch hat man sein Vertrauen erst gewonnen, bleibt er trotz mancher Schwierigkeiten oft unerschütterlich in seiner Treue. Einem schüchternen Kunden gegenüber achten Sie vor allem darauf, dass Sie

- ihn freundlich, aber nicht zu herzlich begrüßen,
- ihm körperlich nicht zu nahe kommen (denn für ihn bedeutet das schnell „Bedrängnis"),
- Sicherheit und Ruhe durch Ihre Körpersignale vermitteln und keine nervösen oder legeren Bewegungen machen,
- mit einer warmen, nicht zu lauten Stimme sprechen.

Teil 2: Training Körpersprache

Das ist Ihr Nutzen

Die Berufswelt ist eine Bühne und wir spielen auf ihr täglich unsere Rollen. Wir treten als Führungskräfte, Mitarbeiter oder Kollegen auf. Wir motivieren, präsentieren, verkaufen, verhandeln und setzen dabei mehr oder weniger bewusst unseren Körper ein. Doch unser Erfolg hängt nicht davon ab, wie geschickt wir uns verstellen können, sondern wie authentisch und überzeugend wir sind.

Im folgenden zweiten Teil dieses Buches lernen Sie in über 50 Übungen,

- wie Sie Ihre Wahrnehmung trainieren,
- wie Sie körpersprachliche Signale verstehen und richtig interpretieren können,
- wie Sie Ihren authentisch auftreten und
- wie Sie Situationen im Berufsalltag beeinflussen und positiv gestalten können.

Wir hoffen, dass Sie das Training auch dazu anregt, Ihre Neugier nie ruhen zu lassen und Ihre Leidenschaft für Ihren Beruf immer wieder aufs Neue zu entfachen.

Test: Schätzen Sie sich selbst ein

Schätzen Sie zunächst selbst Ihre Fähigkeiten im Hinblick auf konkrete Faktoren der Körpersprache ein und erkennen Sie Entwicklungsmöglichkeiten. Positionieren Sie sich dafür jeweils auf der Skala zwischen 1 und 10; 1 bedeutet „überhaupt nicht" und 10 bedeutet „trifft absolut zu":

Meine Wahrnehmung in Bezug auf mich selbst und andere ist sehr gut entwickelt.

1____10

Ich kann die meisten körpersprachlichen Signale meiner Mitmenschen interpretieren.

1____10

Ich weiß, wie ich in schwierigen Situationen reagieren soll und körpersprachlich Einfluss nehmen kann.

1____10

Ich kenne die Territorien meiner Mitarbeiter, Kollegen und Vorgesetzten und weiß, wie viel Distanz und Nähe richtig ist.

1____10

Ich halte den Blickkontakt zu den Zuschauern und bin präsent auf der Bühne, wenn ich eine Rede halte.

1____10

Ich habe kein Lampenfieber, bevor ich (mich) präsentiere; es ist für mich Routine.

1____10

Meine Stimme ist gut entwickelt, ich kann lange sprechen, ohne heiser zu werden.

1____10

Ich kann mich in Meetings gut durchsetzen, indem ich körpersprachlich Zeichen setze, wenn ich etwas beitragen möchte.

1____10

Mit Emotionen habe ich kein Problem, ich sage sofort, wenn mir etwas nicht passt.

1____10

Ich merke an den körpersprachlichen Signalen, wenn meine Mitarbeiter nicht motiviert sind.

1____10

Ich kann auf jeden Menschentyp eingehen und weiß, was er im Moment braucht.

1____10

Statuswechsel ist für mich kein Problem, ich passe mich der Situation an.

1____10

Auswertung

Wir wollen Ihnen keinen Durchschnittswert vorgeben, der Ihnen sagt, ob Sie überdurchschnittlich gut oder unterdurchschnittlich schlecht abgeschnitten haben. Die Entwicklung der Fähigkeiten für das Verstehen und Einsetzen der Körpersprache ist sehr individuell und tritt im Zusammenspiel mit anderen Faktoren wie z. B. bestimmten Charaktereigenschaften auf. Durch die Selbsteinschätzung haben Sie einen ersten Indikator dafür, wo Sie Verbesserungspotenzial haben. Führen Sie bitte diesen Test nochmals durch, wenn Sie das Buch durchgearbeitet haben, und vergleichen Sie die Werte.

Praxistipps

Wodurch Körpersprache beeinflusst wird

- **Denken:** Das Denken hilft uns dabei, unsere Wahrnehmungen zu sortieren, zu analysieren und zu abstrahieren. Somit werden unsere Wahrnehmungen zu Erfahrungen. Wir können uns erinnern, lernen und vorausplanen. Doch das Denken bedeutet nicht nur Kontrolle und Ordnung, es ist auch ein Abenteuerspielplatz für unsere Kreativität und der Motor unserer Fantasie.
- **Wahrnehmen:** Wir nehmen eine Situation, einen Menschen oder ein Körpersignal wahr. Durch unsere Sinne (Sehen, Hören, Tasten, Geruch und Geschmack) können wir die Eindrücke aufnehmen. Je mehr wir wahrnehmen, desto mehr Informationen stehen uns zur Verfügung. Die Wahrnehmung ist ein wichtiges Instrument, das wir immer wieder schärfen und weiterentwickeln können.
- **Innere Haltung:** Die innere Haltung ist die Art und Weise, wie wir einer Idee oder einem Menschen gegenübertreten. Es ist das mehr oder weniger bewusste Motiv, das uns dazu bewegt, so und nicht anders zu handeln. Je nachdem, welche innere Haltung wir jeweils einnehmen, verändern

wir automatisch auch unsere Körpersprache. Wir sehen die Welt immer aus der Perspektive unserer inneren Haltung.

- **Fühlen:** Empfindungen und Emotionen bestimmen manchmal mehr unsere Körpersprache, als wir es uns wünschen. Wir versuchen mehr oder weniger erfolgreich immer wieder, unseren Ärger oder unsere Scham unter Kontrolle zu halten, doch wir sollten sie nie missachten. Missachtete und unterdrückte Emotionen finden früher oder später einen Weg, um sich in unserer Körpersprache zu manifestieren.

Fachwissen alleine reicht nicht mehr

Die heutigen Anforderungen an Führungskräfte werden immer höher und komplexer. Neben hervorragendem Fachwissen spielen die sogenannten Soft Skills eine zunehmend wichtige Rolle; sie können für die Karriere einer Führungskraft entscheidend sein. Diese weichen Faktoren sind schwer zu messen, deshalb ist es umso wichtiger, sie zu beherrschen, da sie sich im Arbeitsalltag darin zeigen,

- wie Sie mit Ihren Mitarbeitern kommunizieren und wie Sie zuhören,
- wie Sie Ihre Mitarbeiter anleiten und motivieren,
- wie Sie mit Kollegen zusammenarbeiten,
- wie Sie Kunden beraten,
- wie Sie (sich) präsentieren.

Wie Sie Ihre Wahrnehmung entwickeln

Hier erfahren Sie,

- wie Sie Ihre Beobachtungsgabe schulen,
- wie Sie Ihren Körper besser wahrnehmen,
- wie Sie Ihre Kreativität trainieren,
- wie Ihre innere Haltung und Ihre Körpersprache sich gegenseitig beeinflussen.

Darum geht es in der Praxis

Wer die Körpersprache trainieren will, muss seine Beobachtungsgabe trainieren, das Wahrnehmen von Körpersignalen, bestimmten Situationen oder Emotionen schulen, kurzum: die eigenen Sinne schärfen.

Die Sinne sind ein wunderbares, doch oft unterschätztes Instrument und ihre Schärfung soll Ihnen nicht nur helfen, die körpersprachlichen Signale der anderen wahrzunehmen, sondern auch der Wahrnehmung und Entfaltung Ihres eigenen körperlichen Ausdrucks dienen.

Menschen, Orte und Landschaften üben auf uns immer eine Wirkung aus. Wir empfinden Kälte und Wärme, erleben Gegenden als schön oder bedrohlich, Räume, die wir betreten, erscheinen uns als gastfreundlich oder feindlich. Für Menschen, denen wir begegnen, empfinden wir Sympathie oder Abneigung, fühlen uns in ihrer Umgebung aufgehoben oder unwohl, halten sie für schön oder hässlich oder sie sind uns gleichgültig. All das geschieht oft noch, bevor wir unser Urteil bewusst formulieren können. Im Bruchteil einer Sekunde haben unsere Sinne die ganze Arbeit für uns geleistet.

Doch wie oft stellen wir unsere Sinneseindrücke in Frage? Und wie oft wagen wir unsere Wahrnehmungsmechanismen zu erforschen? Darum soll es im Folgenden gehen.

Die Sinne aktivieren

Der äußere Klima-Check

Übung 1
10 min

Im Laufe der Jahre wird unsere Wahrnehmung durch eine Fülle von Hör-, Seh- oder Geschmacksgewohnheiten geprägt, die einerseits einen großen Erfahrungsschatz bilden, andererseits aber oft dazu führen, dass unsere Neugier und Beobachtungsgabe nachlassen. Wir erfahren die Welt immer öfter in einem automatisierten, mehr oder weniger unbewussten Zustand. Die Intensität, mit der wir die Welt erleben, nimmt ab. Unsere Neugier verschwindet. Wir vernachlässigen zunehmend unsere Sinne und damit lassen wir große Ressourcen brachliegen.

Gehen Sie durch einen Raum und nehmen Sie alles wahr, was Ihnen begegnet. Sagen Sie laut, was Sie sehen, und beschreiben Sie die Gegenstände. Sie können alles, was Sie anschauen, auch mit Ihren Händen anfassen.

Setzen Sie sich nun hin und schreiben Sie alles auf, was Sie wahrgenommen haben.

Lösung

Haben Sie mehr als sechs Wahrnehmungen aufgeschrieben? Wenn Sie auch Details wie z. B. die Struktur der Wand oder einen kleinen Riss an einem Poster festgestellt haben, ist Ihre Wahrnehmung schon relativ weit entwickelt. Vielleicht haben Sie auch das Licht im Raum oder einen Geruch wahrgenommen? Manchmal sind es scheinbare Kleinigkeiten, die uns wertvolle Informationen geben können.

Praxistipps

Die Bedeutsamkeit der kleinen Dinge

In der Schauspielausbildung legt man großen Wert darauf, die Fähigkeit zu schulen, Dinge zu hören, zu sehen oder zu fühlen, die einem Ungeschulten vermutlich entgehen würden. Wer einmal einen König aus einem Shakespeare-Drama verkörpern sollte, der einem Staatsstreich auf die Spur kommt, muss fähig sein, die überraschende Kälte in einer kleinen ausweichenden Geste seines Verbündeten zu entdecken oder in einem zögerlichen Blick seiner Geliebten die plötzliche Distanz zu bemerken. Er muss die kleinsten Gesten und flüchtigen Körperhaltungen seiner Gegenspieler wahrnehmen. Diese Fähigkeit wird dem König in dem Stück das Leben retten. Und weil die Sinne der Schauspieler wach sind, wird die Darstellung der Figur nicht oberflächlich und beliebig sein, sondern sie wird sinnlich und überzeugend erscheinen.

Der innere Klima-Check

Übung 2

10 min

Die Wahrnehmung der eigenen Empfindungen und ihres körperlichen Ausdrucks ist der erste Schritt dazu, die Körpersprache nicht nur zu verstehen, sondern auch bewusst einzusetzen. Gehen Sie durch einen Raum und nehmen Sie wahr, wie Sie sich im Moment fühlen. Wie nehmen Sie Ihren Körper wahr? Sie können auch stehen, sich setzen und dann wieder gehen.

- Sind Sie fit oder müde? Sind Sie irgendwo im Körper verspannt? Ist es der Rücken oder der kleine Zeh?
- Kreisen Ihre Gedanken um ein bestimmtes Thema?
- Frieren Sie oder ist die Temperatur angenehm?

Lösung

Wenn Sie drei oder weniger Beschreibungen für Ihr inneres Klima gefunden haben, verfügen Sie noch über keine ausgeprägte Wahrnehmungsfähigkeit für Ihren Körper. Sie sollten diese Übung immer wieder durchführen und Sie werden merken, wie sich mit der Zeit Ihre Wahrnehmung differenziert. Im Folgenden sind mögliche Körperwahrnehmungen aufgeführt; es kann sein, dass Sie ganz andere gefunden haben.

- Ich habe vom langen Sitzen leichte Rückenschmerzen.
- Mein Nacken ist verspannt und ich kann den Kopf nicht gut bewegen.
- Ich habe heute einen beschwingten Gang.
- Meine Augen brennen und ich sehe den Raum nicht scharf.
- Ich habe beim Gehen die Hände in den Hosentaschen.
- Wenn ich stehe, spüre ich ein Ziehen in den Waden.

Praxistipp

Wechseln Sie ab zwischen dem äußeren und dem inneren Klima-Check. Egal, wo Sie sich gerade befinden, ob am Flughafen, im Büro oder in der Kantine, führen Sie diese Wahrnehmungsübung durch. Sie werden feststellen, dass Sie mit der Zeit immer differenzierter wahrnehmen und Ihren Befindlichkeitscheck in Sekundenschnelle durchführen können.

Eigene Körperbewegungen wahrnehmen

Übung 3
10 min

Wir kennen alle aus dem Fernsehen oder aus dem Kino die Zeitlupenaufnahmen. Sie werden in Sportsendungen, Natur- oder Spielfilmen verwendet, um einen Vorgang besonders genau zu untersuchen, wichtige Details auszuleuchten oder einer Action-Sequenz noch mehr Intensität zu verleihen. Um Ihre Wahrnehmung zu schulen, können Sie sich des Vorgangs der Zeitlupe bedienen. Die Beobachtungsgabe lässt sich nämlich auch dadurch schärfen, dass man aus seinen alltäglichen Bewegungsabläufen etwas Tempo herausnimmt. Denn, je langsamer die Bewegung abläuft, desto bewusster wird sie durchgeführt und desto stärker sind auch die Wahrnehmung und die Konzentration.

Gehen Sie wie in Zeitlupe quer durch ein Zimmer. Am besten räumen Sie sich einen Weg frei. Bewegen Sie die Füße, Beine, Arme, Hände und den restlichen Körper ganz langsam. Versuchen Sie die Bewegungen im gleichen langsamen Rhythmus durchzuführen.

Lösungstipp

Während man eine körperliche Spannung aufrechterhält, kommt es häufig zu dem Reflex, den Atem anzuhalten. Das Gegenteil ist jedoch richtig: Vergessen Sie bei diesen Übungen also nicht zu atmen!

Lösung

Am Anfang fällt es meist schwer, solche langsamen Bewegungen auszuführen, da wir an unseren täglichen – häufig schnellen – Rhythmus gewöhnt sind. Unsere Bewegungen geschehen, ohne dass wir darüber nachdenken. Bei dieser Übung merken Sie, wie Sie jeden einzelnen Körperteil bewegen. Sie werden wahrnehmen, wann die Bewegung schneller wird, weil Sie das Gleichgewicht nicht mehr halten können, und wann Sie wieder Ihren Rhythmus gefunden haben. Mit der Zeit fangen Sie an, die langsamen Bewegungen zu genießen, Sie bewegen sich in einer neuen Welt.

Außerdem üben Sie zusätzlich Ihre Konzentrationsfähigkeit, indem Sie sich ganz bewusst langsam bewegen und die Bewegungen steuern.

Praxistipps

Der eigene Rhythmus

Häufig verwenden wir Formulierungen wie „einen Gang hoch- oder herunterschalten", „Gas geben" oder „sich zurücknehmen", wenn wir versuchen, den Rhythmus unseres Verhaltens zu beschreiben. Wir fühlen uns wohl und empfinden unser Auftreten als überzeugend, wenn wir uns nicht gehetzt oder gebremst fühlen. Wir folgen einer Art „innerem Rhythmus", der mal schneller, mal langsamer ist und den man vielleicht mit der Slalomfahrt eines Skiläufers vergleichen könnte: Kommt er aus dem Rhythmus, verliert er kostbare Sekunden oder rutscht auf der Piste weg.

Ähnliche Situationen aus dem Berufsleben sind bekannt. Man drängt auf Entscheidungen, wo es vielleicht besser wäre, Geduld zu bewahren, verzettelt sich in unbedeutenden Details, verschwendet Zeit für unnötige Grabenkämpfe, verliert den Mut oder die Kontrolle. Ein Vorstellungsgespräch misslingt, eine Verhandlungsrunde scheitert oder eine Präsentation schlägt keine Funken. Es ist so, als hätte man in solchen Situationen den eigenen Rhythmus verloren. Die Zeit vergeht unglaublich langsam oder sie rast nur so dahin. Die bewusste Wahrnehmung Ihrer eigenen Körpersignale warnt Sie vor und in solchen Situationen. Sie liefert Ihnen wertvolle Informationen, auf die Sie reagieren können. Mögliche Warnsignale sind beispielsweise:

- Muskelanspannungen, die zu nervösen Gesten führen,
- Hände quetschen oder ineinander verkrampfen,
- kurzer und flacher Atem.

Die perfekte Einteilung Ihrer Bewegungen

Übung 4
15 min

Legen Sie eine Unterlage (Wolldecke oder Isomatte) auf den Boden. Ihre Aufgabe ist es nun, sich vom Stehen auf den Rücken zu legen. Die Rahmenbedingungen sind folgende:

- Sie haben genau fünf Minuten Zeit.
- Sie dürfen die Bewegung nie anhalten.
- Die Bewegungen sollen immer gleich langsam ablaufen.

Nehmen Sie eine Uhr, sodass Sie die Zeit einteilen können und nicht zu früh fertig sind. Wenn Sie schließlich auf dem Rücken liegen, erholen Sie sich kurz. Nach wenigen Minuten stehen Sie wieder im Verlauf von fünf Minuten auf, bis Sie wie in der Ausgangssituation stehen.

Nehmen Sie diese Übung auf Video auf und vergleichen Sie den Film mit Ihren Empfindungen.

Lösung

Sie werden vielleicht erstaunt sein, dass die Übung möglich war. Sie haben jede Bewegung bewusst eingeteilt und erlebt:

- Erst beugt sich Ihr Oberkörper.
- Sie gehen langsam in die Knie.
- Sie sitzen in der Hocke.
- Sie gehen in die Katzenbuckelposition.
- Langsam drehen Sie sich auf die Seite.
- Sie liegen auf dem Rücken.

Die Abfolge der Bewegungen kann bei Ihnen natürlich auch ein wenig anders aussehen als in diesem Lösungsbeispiel. Mit Hilfe dieser langsamen, bewussten Bewegungen trainieren Sie nicht nur Ihre Körperwahrnehmung, sondern Sie entspannen sich auch und Ihr Atem wird automatisch gleichmäßig. Sie können diese Übung deshalb bei Bedarf als Entspannungs- oder „Entschleunigungsübung" durchführen.

Praxistipps

Diese Körperübungen sind die Grundlage dafür, Ihre Bewegungen einzuschätzen und zu steuern. Viele Menschen haben Bewegungsabläufe, die sie selbst gar nicht bewusst wahrnehmen. Sie werden erst beim Anschauen einer Videoaufzeichnung überrascht darauf aufmerksam. Je mehr Sie über Ihre Körperbewegungen wissen, umso mehr können Sie diese auch beeinflussen, um wiederum mit Ihrem körperlichen Ausdruck bewusst umzugehen.

Körpersprache anderer beschreiben

Übung 5

30 min

Schildern Sie die Körpersprache anderer. Wie gehen sie, wie stehen sie? Wie ist der Gesichtsausdruck, die Stimme? Notieren Sie in folgenden Situationen Ihre Beobachtungen.

- Wenn Sie sich an einem Ort mit vielen Menschen befinden, z. B. in einem Café oder am Flughafen, können Sie die Gelegenheit dazu nutzen, die anderen Menschen zu beobachten. Nehmen Sie dabei wahr, wie sie gehen, gestikulieren, sich ansehen, sich begegnen, sich ihre Territorien abstecken, und beobachten Sie, aus welchem Status sie agieren (vgl. S. 48 und 191). Versuchen Sie anhand der körpersprachlichen Signale ihre Verfassung und ihre Motive zu erraten.
- Sehen Sie sich ein Theaterstück an und achten Sie dabei nicht auf die Sprache, sondern auf den körperlichen Ausdruck der Schauspieler. Beobachten Sie ihre Bewegungen,

vor allem beim Betreten der Bühne und während Auseinandersetzungen. Beobachten Sie, welche Figur wie viel Territorium einnimmt und wie die Gruppen im Raum stehen.

- Schauen Sie sich einen Film auf Video/DVD an, den Sie noch nicht kennen, schalten Sie aber dabei den Ton aus und versuchen Sie aus der Körperhaltung und Gestik die innere Haltungen und Emotionen der Figuren zu erraten. Dann sehen Sie sich die Szenen noch einmal mit dem Ton an und überprüfen Sie Ihre Beobachtungen.

Führen Sie diese Übungen über mehrere Wochen immer wieder durch und vervollständigen Sie dabei Ihre Liste. Sie werden feststellen, dass Sie die Körpersprache zunehmend differenzierter beschreiben können, da Ihre Beobachtungsgabe geschärft wird.

Lösungstipps

In der folgenden Tabelle sind mögliche Beispiele aufgelistet, damit Sie sich orientieren können, in welche Richtung es bei Ihren Beobachtungen gehen könnte.

Beschreibung der Körpersprache:

- Sie geht unsicher, zögernd.
- Er spricht sehr leise und stockend.
- Die Nachbarin blickt finster.
- Norbert kaut an seinen Nägeln.

Praxistipps

Achten Sie besonders auf den Rhythmus und die Geschwindigkeit, mit der Menschen etwas tun:

- Gibt es in Ihrer Abteilung, in Ihrem Büro einen bestimmten Rhythmus, eine charakteristische Geschwindigkeit?
- Wie ist sie am Morgen oder am Abend, in der Mitte der Woche oder kurz nach der Urlaubszeit?

Das Wahrnehmen von Bewegungsabläufen und ihrer Geschwindigkeit hilft Ihnen, die Körpersprache als einen komplexen Prozess zu begreifen. Um körpersprachliche Signale richtig interpretieren zu können, dürfen sie nicht als ein voneinander unabhängiges Zeichenalphabet betrachtet werden. Das Wahrnehmen der Gestik einer Person oder des Rhythmus ihres Gangs, das Zusammenspiel des Sprachduktus mit ihrer Körpersprache sagt Ihnen mehr als die Beobachtung einer isolierten Geste oder Körperhaltung. Wenn Sie das Spiel der Körpersignale als eine Art Tanzchoreografie begreifen, können Sie schnell den Rhythmus des anderen erfassen und daraus auf sein Temperament oder seine Tagesform schließen.

Mit Vorstellungskraft überzeugen

Vorstellungskraft wecken

Übung 6
10 min

Die Vorstellungskraft kann Ihr Denken, Ihr Fühlen, Ihre Emotionen sowie Ihre Handlungsmotive bestimmen, und all das drückt sich in der Körpersprache aus. Ihre Vorstellungskraft hilft Ihnen nicht nur dabei, Zukunftsvisionen und Produkte zu entwickeln, sie bestimmt auch zusammen mit Ihrem Erfahrungsschatz Ihr Urteilsvermögen, also die Fähigkeit, Menschen und Situationen einzuschätzen und künftige Vorgänge abzuschätzen und vorherzusehen. Je feiner also das Instrument der Vorstellungskraft entwickelt ist, desto besser können Sie in Situationen agieren und reagieren, Menschen führen und die richtigen Entscheidungen treffen.

Folgende Übung hilft Ihnen, Ihre eigene Vorstellungskraft zu aktivieren:

Teilen Sie einen Raum in vier Bereiche auf und bestimmen Sie für jeden Raumteil eine Landschaft. Auf der folgenden Seite finden Sie vier Beispiele dafür. Als Hilfe können Sie den Boden mit Kreppband abkleben. Begeben Sie sich nun von einer imaginären Landschaft zur nächsten, stellen Sie sich dabei die unterschiedlichen Raumqualitäten ganz genau vor und verändern Sie entsprechend Ihre Körperhaltung und den Ausdruck Ihres Körpers.

Beispiele für Landschaften in Ihrer Vorstellung

Sie warten an einer nicht überdachten Bushaltestelle. Sie haben keinen Regenschutz dabei und Sie sind nicht warm genug angezogen. Es regnet in Strömen. Es ist eiskalt.	Sie sind in der Wüste. Keine Menschenseele ist in Ihrer Nähe, keine Oase zeigt sich am Horizont. Sie haben vor zwei Tagen den letzten Tropfen Wasser getrunken, die Sonne verbrennt alles.
Nach einer langen Wanderung erreichen Sie endlich den Berggipfel. Sie sehen sich um und genießen die tolle Aussicht: ein herrlicher Blick über die gesamte Bergkette.	Sie sind in einer überfüllten Fußgängerzone und suchen nach einer Person, mit der Sie sich verabredet haben. Die Menge drängt sich aggressiv an Ihnen vorbei.

Lösung

Wir wollen Sie ermutigen zu experimentieren! Deshalb hier lediglich einige Anregungen:

Die kalte und nasse Landschaft: Sie zittern am ganzen Leib und halten sich an sich selbst fest. In Ihrem Ausdruck sind Sie verschlossen.

Wüste und Hitze: Ihre Muskeln sind schlaff. Völlig kraftlos schleppen Sie sich durch den heißen Sand. Ihr Mund fühlt sich trocken an. Ihr Blick ist ganz verschwommen. Sie sind vollkommen erschöpft.

Berge und Aussicht: Sie haben es geschafft, stolz stehen Sie auf dem Gipfel und genießen den wunderbaren Ausblick. Sie stehen aufrecht und voller Kraft da, Sie strahlen über das ganze Gesicht.

Überfüllte Fußgängerzone: Gerade wurden Sie angerempelt oder jemand ist Ihnen auf den Fuß getreten. Sie kämpfen sich durch die Menschenmasse, es ist sehr unangenehm.

Praxistipps

Die Vorstellungskraft unterstützt Sie dabei:

- Visionen und Ziele sowie neue Produkte zu entwickeln,
- sich in die Situation Ihres Gegenübers zu versetzen (z. B. mögliche Reaktionen von Mitarbeitern oder Kunden vorherzusehen und so eine Veränderung zu planen oder die Kundenbedürfnisse zu verstehen),
- scheinbar ausweglose Situationen durch einen Perspektivenwechsel zu verändern.

Die Vorstellungskraft entwickelt die Kreativität

Viele Kreativitätstechniken basieren auf der Vorstellungskraft, so z. B. auch das „Brainstorming", bei dem Sie unterschiedliche Perspektiven zur Ideenfindung einnehmen. Wenn Sie etwa Ideen zu einem neuen Produkt sammeln, versetzen Sie sich z. B. in einen bösen Zwerg und dessen Welt oder in einen Außerirdischen und lassen aus dieser Perspektive Ihren Einfällen freien Lauf. Ihr Ideenhorizont wird dadurch automatisch erweitert.

Mit Vorstellungskraft Anspannung abbauen

Übung 7
10 min

Diese Übung hilft Ihnen, die Wahrnehmung für Ihre innere Einstellung zu schärfen und vor einem Vorstellungsgespräch, einer Präsentation oder einem schwierigen Meeting innere Anspannung abzubauen. Sie erschaffen in Ihrer Fantasie einen Raum, den Sie imaginär betreten. Versuchen Sie, sich an alle Sinnesempfindungen zu erinnern. Stellen Sie sich vor:

- Sie wandern barfuß durch den heißen Sand einer Wüste.
- Sie irren durch dicken und nassen Nebel.
- Sie stecken mitten in einem See aus Honig.
- Sie frieren ein.
- Sie werden von sanften Meereswellen getragen.
- Sie schweben zu den Klängen Ihres Lieblingssongs im All.
- Sie werden von einer ganzen Armee von Plagegeistern zu Tode gekitzelt.

Pantomimisch darstellen

Übung 8
5 min

Wir besitzen ein sensorisches Erfahrungsgedächtnis. Das heißt: Der Körper trägt seine gesamten Erinnerungen und seine Erlebnisse stets mit sich. Wir wissen, wie sich eine Verbrennung anfühlt oder ein Nadelstich. Wir wissen, wie Tränen oder eine Zitrone schmecken. Schauspieler müssen alle diese Sinnesreize selbst herstellen. Dafür trainieren sie ihr sensorisches Gedächtnis. Sie stellen sich z. B. vor, sie würden ein imaginäres Streichholz anzünden. Sie versuchen dabei, die Situation nachzuempfinden, und beobachten währenddessen ihre motorischen Reaktionen. Es sind meistens sehr einfache Übungen wie „Anziehen eines imaginären Mantels" oder „Ausziehen der Schuhe". Doch wenn sie konzentriert durchgeführt werden, offenbaren sie die Kette der bedingten Reflexe, die der Körper ausführt.

Versuchen Sie die folgende Übung pantomimisch, also ganz ohne Hilfsmittel, durchzuführen: Sie sitzen an einem Tisch (der ist echt) und wollen einen Faden ins Öhr einer Nadel einfädeln. Danach trinken Sie Kaffee: Sie heben eine Tasse hoch, trinken und stellen sie wieder auf den Tisch.

Stellen Sie sich die Details vor, z. B.: Wie sieht Ihre Nadel aus? Welche Farbe hat Ihr Faden? Wie schmeckt der Kaffee? Ist er stark, enthält er Milch und Zucker? Je konkreter Sie die Gegenstände vor Ihrem „inneren Auge" sehen und erleben, desto präziser ist Ihre Vorstellungskraft und desto besser können Sie diese nutzen.

Praxistipps

Im Arbeitsalltag kommt es häufiger vor, dass Sie ungewohnte oder auch unangenehme Situationen meistern müssen. Sie müssen mit Menschen umgehen, die Ihnen auf Anhieb schwer zugänglich oder unsympathisch erscheinen, die Sie aber überzeugen oder begeistern wollen. Und wie oft sagen Sie sich in solchen Situationen „Augen zu und durch", anstatt selbst die Situation nach Ihren Vorstellungen zu gestalten?

Es hängt immer von der Betrachtungsweise ab, was man wahrnimmt und wie man etwas wahrnimmt. Die Vorstellungskraft kann Ihre Empfindungen verändern. Sie kann Ihnen helfen, sich von dem repräsentativen Auftreten Ihres Gegenübers nicht beeindrucken und einschüchtern zu lassen. Und sie kann dazu beitragen, nicht nur Situationen in einem anderen Licht zu sehen. Die Vorstellungskraft kann Ihre innere Haltung bestimmen, und diese wiederum hat Einfluss auf Ihre Körpersprache.

Was Vorstellungskraft bewirkt

Übung 9

10 min

Wenn Sie sich etwas vorstellen, ist dies für den Körper immer Realität. Wenn Sie also an etwas Schönes denken, entspannt er sich. Sobald Sie sich an eine unangenehme Situation erinnern, ziehen sich die Muskeln zusammen und Sie atmen flacher und schneller. Probieren Sie es aus:

- Setzen Sie sich entspannt auf einen Stuhl. Denken Sie an ein angenehmes Erlebnis, z. B. an einen gelungenen Urlaub oder einen schönen Abend, den Sie mit Freunden oder Ihrer Familie verbracht haben. Notieren Sie Ihre Sinneseindrücke, die Farben und Stimmen, an die Sie sich erinnern. Beobachten Sie dabei Ihren Körper: Was verändert sich? Sind die Muskeln angespannt oder locker? Wie fühlen Sie sich?
- Erinnern Sie sich an eine ärgerliche Begebenheit, z. B. an einen Streit mit einem Ihrer Arbeitskollegen. Stellen Sie sich die Räume, Gegenstände, Gerüche und Stimmen der betreffenden Situation vor. Beobachten Sie dabei wieder die Reaktion Ihres Körpers.

Wie Ihre innere Haltung Ihre Körpersprache beeinflusst

Motive des Handelns erkennen

Übung 10
10 min

Die Kunst, authentisch zu wirken, ist die Kunst, eine Übereinstimmung zwischen der inneren und äußeren Haltung herzustellen und zu bewahren. Nur wenn Ihre Körpersprache mit Ihrer gesprochenen Sprache übereinstimmt, wirken Sie glaubwürdig und authentisch. Folgende Fragen helfen dabei, sich über Motive klar zu werden: Wer? Was? Wozu? Warum? Wer bin ich? Was tue ich? Wozu tue ich es? Warum tue ich etwas? Dies wollen wir an einem Beispiel veranschaulichen:

Herr Lenk, Geschäftsführer eines produzierenden Unternehmens, will eine Rede vor seinen Mitarbeitern halten. Die sinkenden Umsätze und eine kürzlich durchgeführte Kundenbefragung, die nicht allzu positiv ausgefallen war, zwingen die Geschäftsführung, die Unternehmensstrategie und die Organisationsstruktur zu verändern. Als Herr Lenk vor seine Mitarbeiter tritt, herrscht im Raum eine gespannte Stille. Viele rechnen mit Kündigungen. Herrn Lenk scheint die Stimmung im Saal zu beeinflussen. Während er über die Veränderungen berichtet, wirkt sein Körper angespannt und sein Blick meidet den Kontakt zu den Mitarbeitern. Unruhig, wie ein Tiger im Käfig, läuft er auf der kleinen Bühne hin und her. Sein Sprechtempo wird immer schneller, er spricht abgehackt und dadurch unangenehm monoton. Er wirkt gehetzt und gereizt. Als die Rede zu Ende ist, herrscht unter den Mitarbeitern ebenfalls eine gereizte Stimmung. Obwohl alle den Strategiewechsel für notwendig halten und Herr Lenk Kündigungen ausgeschlossen hat, sind die Mitarbeiter verunsichert. Folgender, für ein Unternehmen lebensgefährlicher Satz macht die Runde: „Zuerst mal zurücklehnen ... und dann abwarten."

Schreiben Sie bitte auf, welche der „W-Fragen" Herr Lenk außer Acht gelassen hat.

Lösung

Wer?

Herr Lenk ist Geschäftsführer, doch ist er sich seiner Rolle wirklich bewusst? Sein gesamtes Auftreten deutet auf keinen souveränen Führungsstil. Er verkörpert eine sichtlich überforderte Führungskraft, die nicht in der Lage ist, wichtige Inhalte so zu präsentieren, dass sie von den Mitarbeitern nicht nur verstanden, sondern auch akzeptiert und womöglich später mit Überzeugung umgesetzt werden.

Was?

Herr Lenk wusste sicherlich, was er seinen Mitarbeitern erzählen wollte, doch ihm war es nicht bewusst, dass er mit seinem Körper die Inhalte seiner Rede unterstützen und repräsentieren sollte. Er bemerkte nicht, dass seine körperlichen Signale keine Klarheit, sondern bloß Verwirrung gestiftet haben. Kurz gesagt: Er wusste nicht, was er da eigentlich tat.

Wozu und warum?

Herrn Lenks körperlicher Ausdruck deutet darauf hin, dass er die Motive seines Auftritts nicht vorher geklärt hat. Er hat sich nicht die Fragen gestellt: Was ist mir wichtig? Wofür kämpfe ich und warum gehe ich überhaupt auf die Mitarbeiter zu? Möchte ich den Menschen die Angst vor Veränderungen nehmen und sie für die neue Strategie begeistern oder bloß die bevorstehenden Veränderungen verkünden? Wenn Herr Lenk nur über die neue Strategie informieren wollte, hätte er als Geschäftsleiter keine Ansprache halten müssen. Dafür gäbe es in einem Unternehmen genug „gute Nebendarsteller" wie kompetente Sachbearbeiter oder Projektassistenten. Hätte sich also Herr Lenk all diese Fragen vorher gestellt, hätte er auch seine Körpersprache seinen Motiven anpassen oder wenigstens versuchen können, seine Gereiztheit und Nervosität nicht die Oberhand gewinnen zu lassen.

Praxistipps

Nicht immer ist uns bewusst, was uns wirklich bewegt und warum wir etwas tun oder etwas unterlassen – unsere Gedanken und Emotionen entziehen sich oft der Steuerung und Kontrolle. Doch die Antworten auf die klassischen W-Fragen können Ihnen dabei behilflich sein, Ihre Auftritte motiviert zu gestalten. Motiviert heißt also in diesem Zusammenhang nicht einfach „zum Agieren bereit", sondern „zu einem begründeten Agieren bereit".

Checkliste: Was ist meine innere Haltung?
1. Wer: In welcher Funktion agiere ich?
2. Was: Was tue ich, welche Körpersignale sende ich, wenn ich in der oben genannten Funktion agiere?
3. Warum: Wieso und für welche Zwecke agiere ich?

Der Motiv-Check

Klären Sie vor jedem wichtigen Gespräch Ihr Motiv, nämlich, warum Sie das Gespräch führen und was Sie damit erreichen wollen. Versuchen Sie dabei, herauszufinden, welche innere Haltung mit diesem Zweck verbunden ist, welche Emotionen sich für Sie mit dem Gespräch verbinden – und welche davon Sie nach außen transportieren möchten. Finden Sie heraus: Möchten Sie z. B. begeistern, ermahnen, loben, zustimmen, ablehnen, für sich werben, Ihre Meinung durchsetzen oder lediglich informieren? Machen Sie einen Motiv-Check:

Situation	Meine Motive

Die innere Haltung beeinflussen

Übung 11
10 min

Unsere Körpersprache kann manchmal auch die innere Haltung beeinflussen. Probieren Sie es:

Stellen Sie sich hin, lassen Sie Ihre Schultern und den Kopf hängen, beugen Sie Ihren Oberkörper leicht nach vorne, schauen Sie auf den Boden. Bleiben Sie etwa eine Minute in dieser Position.

Stellen Sie sich aufrecht hin, strecken Sie die Arme aus, als wären Sie ein Stern. Halten Sie den Kopf gerade und schauen Sie mit großen Augen. Verharren Sie wieder eine Minute so.

Dann schreiben Sie auf, wie Sie sich in den beiden Haltungen jeweils gefühlt haben, welche Gedanken Ihnen durch den Kopf gingen.

Lösung

Bei Haltung 1 werden Sie gemerkt haben, dass Sie in dieser hängenden Position immer schwerer und lustloser werden. Sie haben nichts um sich herum sehen können. Ihr Blick hat nur den Boden wahrgenommen.

Bei Haltung 2 haben Sie sich gut und kraftvoll gefühlt. Sie haben durch die offene Körperhaltung ein positives Grundgefühl erzeugt. Ihr Gesicht strahlt, Sie haben große und neugierige Augen, Sie wollen Kontakt aufnehmen.

Das heißt jedoch nicht, dass Sie über die Änderung Ihrer Körperhaltung sich selbst zu etwas zwingen sollen, das Ihnen innerlich widerstrebt, denn dann sind Sie nicht mehr authentisch. In manchen Situationen kann es jedoch von Vorteil sein, wenn Sie bewusst eine andere Körperhaltung einnehmen.

Die Lieblingshaltung ändern

Übung 12

5 min

Jeder hat eine Haltung, die er immer wieder gerne einnimmt, z. B. die Arme verschränken, die Hände auf den Bauch legen oder sich an der Wand anlehnen. Überlegen Sie, welche Ihre Lieblingshaltung ist. Beobachten Sie Ihre Kollegen und finden Sie heraus, welche Haltungen sie bevorzugt einnehmen. Versuchen Sie einmal, Ihre Lieblingshaltung aufzugeben, und verändern Sie diese bewusst. Nehmen Sie wahr, ob sich dadurch etwas verändert.

- Wenn Sie oft mit verschränkten Armen im Meeting sitzen, versuchen Sie nun die Arme locker auf die Oberschenkel, auf die Armlehne oder auf den Tisch zu legen.
- Wenn Sie selten lachen, versuchen Sie es einmal mit einem Lächeln, Sie werden sehen, wie sehr sich die anderen freuen.
- Wechseln Sie bei einem Meeting die Plätze, sodass jeder wieder eine neue Perspektive einnimmt.
- Wandeln Sie eine Sitzung in eine „Stehung" um und führen Sie eine Besprechung im Stehen durch. Sie werden feststellen, wie schnell auf diese Weise die Agenda abgearbeitet wird und Entscheidungen getroffen werden. Im Stehen ist das Denken flexibler, da der Körper sich bewegen kann.

Neue Perspektiven entdecken

Übung 13
10 min

Bei den folgenden Tierübungen sind Sie gefordert, Ihren Körper und Ihre Stimme anders als gewohnt einzusetzen. Wenn Sie eher ein schüchterner Mensch sind und während der Übung die Welt durch die Augen eines Affen oder eines Tigers sehen, nehmen Sie plötzlich eine ganz andere Perspektive ein: Sie sind kraftvoll und neugierig. Es geht jedoch nicht darum, Haltungen oder Gesten einzuüben, die eine bestimmte Bedeutung haben. Vielmehr sollten Sie Haltungen und Gesten benutzen, die wirklich von Ihnen kommen. Aber Sie können Ihr Repertoire erweitern und Neues ausprobieren.

Verwandeln Sie sich in einen Tiger, ein Mäuschen, einen Pfau und zum Schluss in einen Affen. Versuchen Sie die Haltungen der jeweiligen Tiere einzunehmen: Welchen Rhythmus hat das Tier, welche Perspektive? Macht das Tier große oder kleine Bewegungen, schnelle oder langsame? Ist es laut oder leise? Stellen Sie sich dann bitte vor, Sie würden mit dem Gefühl, eines dieser Tiere zu sein, einen Raum betreten, in dem sich Menschen befinden. Wie meinen Sie, wäre Ihre Wahrnehmung und wie würden Sie auf die anderen wirken?

Überlegen Sie anschließend, welches Tier überhaupt Ihrem Charakter am ehesten entsprechen würde – ein Elefant, ein Adler oder vielleicht eine Schildkröte? Wenn Sie es herausgefunden haben, verkörpern Sie das Tier. Wichtig: Stellen Sie es bitte nicht nur dar, sondern versuchen Sie, sich in das Tier hineinzufühlen.

Lösung

Unsere Anregungen für Sie:

Der Tiger hat einen sehr geschmeidigen Gang, er ist elegant und gleichzeitig voller Spannung, denn er könnte plötzlich angreifen.

Das Mäuschen macht kleine Bewegungen, es ist unauffällig und schnell.

Der Pfau fühlt sich wichtig, er schaut von oben herab. Er bewegt sich langsam und stolz. Er schaut sich selbst gerne zu und ist froh um jeden, der ihn betrachtet.

Ein Affe kann verspielt, neugierig oder schlau sein, doch oft wirkt er verängstigt oder traurig. Manchmal macht er einen starken und aggressiven Eindruck.

Emotionen bewusst ausdrücken

Mit Statuen Emotionen formen

Übung 14
25 min

„Emotionen sind die Dinge, die sich in unserem Inneren abspielen und ohne unser Wollen unsere Handlung beeinflussen", formuliert es treffend Lee Strasberg, ein bedeutender amerikanischer Schauspiellehrer. Kann man also den körperlichen Ausdruck der Emotionen überhaupt trainieren? Schauspieler müssen sich die Reize, die im realen Leben vorkommen, vorstellen, sie innerlich erleben und auf sie reagieren. Dies ist eine hohe Kunst und wir raten jedem davon ab, durch körpersprachliche Haltungen und Gesten Emotionen vorzutäuschen und damit Menschen beeinflussen zu wollen. Sie können allerdings von den Schauspielern lernen, Emotionen zu beobachten, zu erkennen und zu interpretieren, dem eigenen Körper zu erlauben, sich emotional auszudrücken, für Emotionen durchlässig zu sein.

Stellen Sie sich vor, dass Ihr Körper eine Knetmasse wäre. Sie formen nacheinander die vier Grundemotionen Trauer, Freude, Wut und Angst. Als Statue begeben Sie sich zunächst in die Haltung von Trauer. Wenn Sie eine passende Haltung gefunden haben (lassen Sie sich Zeit mit dem Ausprobieren), bleiben Sie etwa eine Minute in dieser Position. Genießen Sie dabei die Emotion Trauer. Mit den anderen Haltungen verfahren Sie ebenso. Dazwischen notieren Sie bitte, was Ihnen aufgefallen ist.

Lösung

Vermutlich sind Ihnen manche Haltungen und Emotionen leichter gefallen, andere schwerer. Vielleicht haben Sie sich an Situationen erinnert, die Sie erlebt haben. Es ist auch möglich, dass Sie zu bestimmten Emotionen einen leichten Zugang haben und zu anderen gar keinen. Da diese Übung sehr individuell ist, wollen wir keine konkreten Lösungsmöglichkeiten nennen.

Praxistipps

In manchen Situationen ist es wichtig, dass Sie Anteilnahme zulassen und so die Beziehungsebene zu Ihren Mitarbeitern, Kunden oder Kollegen gestalten:

- im Mitarbeitergespräch (z. B. bei einer Kündigung),
- im Reklamationsgespräch (z. B. zeigen Sie, dass Sie den Kunden verstehen, wenn er wütend ist),
- in einem schwierigen Gespräch mit einem Kollegen (z. B. wenn Sie etwas klären wollen oder ihm Unterstützung anbieten),
- bei einem abgeschlossenen Projekt (Sie wollen Ihre Mitarbeiter an Ihrer Begeisterung teilhaben lassen),
- in einer Teamsitzung (z. B. wenn Sie Lob und Anerkennung aussprechen).

Körpersprache verstehen und einsetzen

Hier lernen Sie,

- Körperhaltungen bewusst einzunehmen und die Haltungen anderer besser zu verstehen,
- eine lebendige Mimik und Gestik einzusetzen,
- wie Sie Stimme und Tonfall deuten und bei sich selbst beeinflussen können,
- wie Sie den Status eines Menschen erkennen und wie Sie selbst einen Status einnehmen,
- wie Sie die Territorien anderer beachten und Ihr eigenes Territorium verteidigen, falls nötig.

Darum geht es in der Praxis

Jeder Mensch ist einzigartig in seinen Bewegungen und das Zusammenspiel der physischen und psychischen Ausdrucksformen ist komplex. Beim Verstehen der Körpersprache geht es deshalb nicht darum, von einem einzigen körpersprachlichen Signal auf den ganzen Menschen zu schließen. Die Ausdrucksformen sind vielschichtig, eine Geste oder ein Blick lässt sich nur dann verstehen, wenn man sie zu anderen Signalen in Beziehung setzt: Viele Gesten, Körperhaltungen und die Dynamik der Bewegungen ergeben ein Ganzes. Körpersprache ist eine Sprache und sie besitzt im übertragenen Sinn ihre eigene Grammatik. Das bedeutet, dass Sie immer den ganzen Menschen in seinem Ausdruck wahrnehmen und auch die Gesten und Haltungen, die er in den letzten Minuten eingenommen hat, berücksichtigen sollten – bei anderen und bei sich selbst.

Menschen agieren abhängig von den Einflüssen einer Situation unterschiedlich. Deshalb sollten Sie eine Geste oder eine Körperhaltung Ihres Gegenübers im Zusammenhang mit der jeweiligen Situation verstehen. Eine Situation ist genauso komplex wie die Vielfalt des körperlichen Ausdrucks. Es kommt z. B. darauf an, wo und wann man sich begegnet.

Im folgenden können Sie Ihre Fähigkeiten trainieren, Situationen, andere Menschen und sich selbst besser zu verstehen.

Eine aufrechte und offene Körperhaltung einnehmen

Anspannung und Entspannung spüren

Übung 15
5 min

Statt von richtiger oder falscher Körperhaltung sprechen wir lieber von einer überspannten oder einer unterspannten Haltung. Wenn man unter starkem Druck steht und vielleicht nach außen signalisieren möchte, dass man jede erwartete Leistung erbringen kann, spannt sich der Körper an wie der eines Sprinters kurz vor dem Start. Doch was für den Augenblick gut ist, wird auf die Dauer ein Krampf. Sicher kennen Sie solche Situationen: Sie sitzen schon länger in einem Meeting und Ihr Körper verharrt in der gleichen Position. Eigentlich wollen Sie danach noch ein wichtiges Gespräch mit Ihrem Mitarbeiter führen. Aber als die Sitzung zu Ende ist, sind Sie erschöpft. Sie spüren, wie die Anspannung sich in Bequemlichkeit verwandelt. Ihr Körper fühlt sich unterspannt an und signalisiert nach außen nicht nur Müdigkeit, sondern auch Gleichgültigkeit.

Die Wirkung von Anspannung können Sie ganz einfach ausprobieren: Setzen Sie sich auf einen Stuhl und lösen Sie im Kopf folgende Rechenaufgabe: Wie viel macht 14 x 15? Nun versuchen Sie ein schweres Möbelstück zu heben, z. B. ein Klavier oder einen Schrank, und lösen dabei folgende Aufgabe: Wie viel macht 12 x 13? Sie können natürlich auch schwierigere Rechenaufgaben wählen.

Lösung

Sie werden gemerkt haben, dass Sie beim entspannten Sitzen die Aufgabe in wenigen Sekunden lösen konnten. Während Sie versuchten, ein Möbelstück zu heben, ist es jedoch fast unmöglich, die Aufgabe zu lösen. Der Körper ist so sehr mit der Anspannung beschäftigt, dass das Denken schwerfällt.

Richtig entspannen

Übung 16
10 min

Bei seiner langjährigen Arbeit mit Schauspielern musste Lee Strasberg immer wieder feststellen, dass viele von ihnen nicht durch mangelndes Talent an einem guten Spiel gehindert wurden, sondern durch ihre übermäßige Anspannung. Er beschloss, diesen Zustand zu verändern. Die Technik, die Strasberg dabei verwendete, war genauso einfach wie genial. Er bat die Schauspieler, sich auf einen Holzstuhl zu setzen und alle Muskeln zu entspannen. Wenn es schließlich einem Schauspieler gelang, bemerkte er, dass die körperliche Entspannung nicht nur mit der geistigen Entspannung einherging, sondern zu der Kraftquelle seines Talents zurückführte: zur Fantasie.

Setzen Sie sich auf einen schlichten Stuhl (nicht auf einen bequemen Sessel, Sie sollen nicht einschlafen) und versuchen Sie wie auf dem Bild auf der nächsten Seite, eine möglichst entspannte Position einzunehmen. Sacken Sie in sich zusammen und lassen Sie Ihren Kopf hängen.

Entspannen Sie Ober- und Unterkiefer. Lassen Sie Ihre Arme baumeln und die Füße nach außen fallen.

Stellen Sie sich vor, die überflüssige Anspannung würde durch Schläfen, Nasenwurzel und aus dem halb geöffneten Mund entweichen.

Bleiben Sie mindestens zehn Minuten so sitzen.

Lösung

Wenn Sie mehrmals ganz tief ausgeatmet haben oder laut seufzen mussten, bedeutet das, dass Sie die Übung richtig ausgeführt, sich also entspannt haben. Sie eignet sich hervorragend dazu, um im Alltagsstress zwischendurch die Muskelverspannungen zu spüren und sie etwas zu lockern. Die körperliche Entspannung kann auch eine geistige Anspannung lösen und vielleicht neuen Ideen den Weg ins Freie ermöglichen.

Sich fallen lassen

Übung 17
10 min

Mit dieser Übung bringen Sie Ihren Körper in kürzester Zeit zum Entspannen und wärmen ihn auf. Sie verlangt zwar ein gewisses Maß an körperlicher Fitness und mutet recht ungewöhnlich an, doch wenn Sie sie mehrmals hintereinander ausgeführt haben, sorgt sie nicht nur für die Lockerung der verspannten Muskeln, sondern auch für ein nachhaltiges Gefühl der Freude. Wenn Sie diese Übung gemeinsam in einer Gruppe ausführen, sorgt sie schnell für wohltuende Heiterkeit und ein Zusammengehörigkeitsgefühl.

Bevor Sie mit der Übung beginnen, wärmen Sie durch kurzes Rotieren Ihre Gelenke auf (Füße, Hände, Ellenbogen und Knie). Lassen Sie einige Sekunden lang sanft Ihr Becken, Ihren Oberkörper sowie den Kopf kreisen und dann schütteln Sie sich leicht wie ein Hund nach dem Bad.

Stellen Sie sich, wie auf dem Foto gezeigt, entspannt hin – auf einen Teppich oder, wenn Sie beim ersten Mal Angst haben, im Freien auf eine weiche Wiese. Malen Sie sich jetzt aus, Sie wären eine Marionette, die an einem Faden gehalten wird.

Lassen Sie Ihre Muskeln richtig schlaff werden. Lassen Sie Ihren Kopf hängen, beugen Sie leicht die Knie. Verlagern Sie Ihr ganzes Gewicht auf ein Bein und beugen Sie dessen Knie vollständig durch.

Atmen Sie tief aus, beugen Sie gleichzeitig Ihren Oberkörper zur Seite und rollen Sie bei Bodenberührung mit dem Oberschenkel, dem Arm und der Schulter ab. Richten Sie sich wieder auf und führen Sie die Übung noch drei- bis fünfmal aus.

Verspannungen lösen

Übung 18
10 min

Setzen Sie sich auf einen Stuhl, beide Füße auf der Erde, die Arme stützen Sie leicht angewinkelt auf Ihre Oberschenkel. Schließen Sie jetzt die Augen, atmen Sie tief ein und aus. Konzentrieren Sie sich darauf, dass sich beim Einatmen der Bauch hebt, beim Ausatmen senkt.

- Stellen Sie sich nun vor, dass sich mit jedem Ausatmen ein Körperteil nach dem anderen entspannt und schwer wird, fangen Sie mit den Armen an, dann kommen die Beine und Füße, die Hände und der Nacken, am Ende die Schultern.
- Lassen Sie jetzt ganz leicht Ihren Kopf kreisen, machen Sie erst kleine, langsame Kreise, dann wie eine Spirale immer größere. Seien Sie vorsichtig beim „In-den-Nacken-drehen", der Kopf soll sich nicht zu weit nach hinten biegen. Spüren Sie dabei die vertiefte Atmung, drehen Sie ein paar Mal erst rechts-, dann linksherum, dann hören Sie in immer kleineren Kreisen wieder auf und spüren Ihre Atmung.
- Entspannen Sie nun auch die Stirn und die Kiefermuskeln. Die Augen werden hinter den geschlossenen Lidern ruhig. Lassen Sie die Gedanken durch ihren Kopf hindurchziehen, ohne sie festzuhalten oder zu bewerten.
- Öffnen Sie langsam wieder die Augen und strecken und recken Sie sich. Wenn Sie gähnen müssen, lassen Sie es zu, denn Gähnen ist für Ihr Zwerchfell gesund.

Durchatmen

Übung 19
5 min

Der Atem ist der Motor für den Körper. Wer zu schnell oder zu flach atmet, wirkt gehetzt. Wer hingegen tief und gleichmäßig atmet, kann seinen Körper entspannen und wirkt ruhig und souverän. In entspannten Situationen, z. B. im Schlaf, ist unsere Atmung tief und gleichmäßig. Genauso ist die Tiefenatmung für unser tägliches Handeln und Sprechen wichtig.

Sie kennen sicherlich Situationen, in denen Sie sich gesagt haben: „Jetzt tief durchatmen." Dieses Durchatmen lässt Sie wieder auf Kurs kommen und Sie sind wieder in Ihrer „Mitte". Um das Durchatmen zu erleichtern, können Sie folgende Übung machen.

- Stellen Sie sich aufrecht hin oder setzen Sie sich mit aufrechtem Oberkörper auf einen Stuhl.
- Schließen Sie die Augen und denken Sie an Ihren Lieblingsduft.
- Atmen Sie den Duft tief ein und spüren Sie, wie der Atem in Ihren Bauch geht und wie Sie ein Gefühl von Weite empfinden.
- Atmen Sie auf einem „ffffffff" langsam wieder aus.
- Wiederholen Sie die Übung einige Male.

Energie und Wärme erzeugen

Übung 20
5 min

Die folgende Übung könne Sie auch im Büro durchführen, wenn Sie schon lange vor dem Computer gesessen sind und Ihr Körper zu erstarren droht. Stellen Sie sich mitten in einen Raum und

- drücken Sie imaginäre Wände mit beiden Armen kräftig seitlich weg. Spüren Sie den Widerstand.
- Schieben Sie eine imaginäre Wand vor sich her, bleiben Sie dabei stehen und drücken Sie nach vorne.

Wenn Sie die Übung richtig ausgeführt haben, werden Sie jetzt leicht schwitzen und tief durchatmen. Durch den Druck, den Sie mit Ihrem Körper ausgeübt haben, sind Energie und Wärme entstanden.

Praxistipps

Ein verspannter Körper hat zu viel Energie, ein unterspannter Körper zu wenig. Das Wort „Energie" benutzen wir im Alltag sehr oft. Hier nur ein paar Beispiele:

- „Da stecke ich keine Energie mehr hinein!"
- „Haben Sie die nötige Energie, um die Aufgabe zu übernehmen?"
- „Mein Kollege kostet mich so viel Energie ..."
- „Ich habe zu viel Energie, ich weiß nicht wohin mit meinen Kräften."
- „Ich bin nach dieser Besprechung ausgelaugt, ich habe absolut keine Energie mehr."

Bestimmt waren Sie schon einmal verliebt. Ist Liebe nicht ein wunderbarer Energizer? Nachts schlafen Sie kaum und am nächsten Tag erscheinen Sie trotzdem topfit zur Arbeit. Sie sprühen so vor Energie, dass die anderen vor Neid erblassen. Obwohl Sie den ganzen Tag durchgearbeitet haben, fühlen Sie sich abends immer noch wie neugeboren. Man kann sich jedoch nicht jede Woche neu verlieben, um immer genug Energie zu haben. Deshalb sollten Sie für sich herausfinden, welche Menschen, Situationen oder Dinge Ihnen Energie geben oder nehmen. Diese aufzuschreiben hilft dabei, die eigenen Energiequellen zu entdecken. Dabei soll Ihnen die folgende Checkliste helfen, in der bereits einige Beispiele eingetragen sind. Bei „ja" machen Sie einen Haken, wenn Sie Energie bekommen, andernfalls bei „nein".

Energiespender	ja	nein
Ein gutes Essen		
Mitarbeiter ohne Eigenverantwortung		
Sport treiben		
Diskussionen ohne Entscheidungen		
Mein Partner		

Verschiedene Körperhaltungen einnehmen

Übung 21
15 min

Die Körperhaltung eines Menschen drückt seine innere Haltung aus. An der Körperhaltung kann man erkennen, in welcher emotionalen Verfassung sich das Gegenüber befindet. Wie gesagt, sollten Sie natürlich nicht nur die Körperhaltung wahrnehmen, sondern auch das Zusammenspiel von Mimik, Gestik und Stimme. Es ist wichtig, dass Sie sich selbst im Klaren darüber sind, welche körpersprachlichen Signale Sie gerade senden.

Nehmen Sie im Stehen folgende Haltungen ein:

- Sie sind unterspannt.
- Sie sind überspannt.
- Sie machen einen offenen Eindruck.
- Sie machen einen geschlossenen Eindruck.

Schreiben Sie mindestens drei Merkmale pro Körperhaltung auf und schreiben Sie auf, was Sie fühlen und welche Wirkung die Körperhaltung auf den Betrachter haben könnte. Hilfreich ist es, wenn Sie bei dieser Übung jemand unterstützt und sein Feedback zu den Körperhaltungen abgibt!

Lösung

Unterspannte Haltung

- Ruhende Bequemlichkeit,
- Gleichgültigkeit,
- müde und antriebslos,
- Muskeln sind schlaff,
- Bewegungsabläufe und Reaktionen scheinen ohne Initiative zu sein,
- Schultern hängen, der Blick schweift durch die Gegend oder flüchtet nach innen.

Überspannte Haltung

- Muskeln sind angespannt,
- steifer Körperausdruck.
- Die Mimik ist unbeweglich, der Blick starr,
- Oberkörper und Kopf sind nach hinten gedrückt,
- Halsmuskeln sind angespannt,
- Knie sind durchgestreckt,
- Schultern sind hochgezogen,
- kein guter Stand, Angespanntheit und Anstrengung.

Offene Haltung

- Aufrechte und entspannte Haltung,
- freundliches Gesicht,
- aufmerksamer und direkter Blick,
- Beine stehen hüftbreit auseinander,
- wirkt souverän und aufgeschlossen,
- neugierig.

Geschlossene Haltung

- Gesenkter Kopf,
- gebeugter Oberkörper,
- misstrauischer Blick von unten nach oben,
- Haltung oder Geste, die den Körper schützt,
- wenig Blickkontakt.

Praxistipps

Flexibel reagieren

Die eigentliche Kunst, den richtigen Körperausdruck zu finden, besteht nicht nur darin, ein Gleichgewicht zwischen Überspannung und Unterspannung herzustellen, sondern auch darin, den Körperausdruck der Situation anzupassen. Entscheiden Sie, welche Körperspannung im Moment gut ist, und lassen Sie sich nicht von Ihren Körperhaltungen bestimmen.

Schärfen Sie Ihr Bewusstsein für Körpersignale

Es ist wichtig, dass Sie sich selbst im Klaren darüber sind, welche körpersprachlichen Signale Sie gerade senden. Wenn Sie sich z. B. in einem Mitarbeitergespräch sehr lässig in Ihren Stuhl setzen und Ihre Hände hinter dem Kopf verschränken, kann es sein, dass sich Ihr Mitarbeiter unwohl und verunsichert fühlt; er wird dann wenig zum Gespräch beitragen. Die gleiche Körperhaltung unter Führungskollegen nach einem anstrengenden Meeting wird Ihnen dagegen niemand übel nehmen.

Stehen und gehen

Entwickeln Sie Ihr Standing

Übung 22
10 min

Im ersten Jahr ihrer Ausbildung lernen Schauspielschüler erst einmal „Stehen". Das hört sich zwar einfach an, ist aber manchmal keine leichte Aufgabe. Manche wiegen sich nervös hin und her, andere ruhen sich kraftlos in ihrem Körper aus. Doch damit ein Bühnenschauspieler präsent und kraftvoll spielen kann, braucht er einen sicheren Stand. Eine ähnliche Situation kennen Sie auch aus Ihrem Berufsleben: Wenn Sie einem Kunden begegnen, Mitarbeitergespräche führen oder ein neues Projekt präsentieren, benötigen Sie nicht nur Ihr ganzes fachliches Können und Wissen, sondern auch Präsenz, um das ganze Interesse bei Ihren Zuhörern zu wecken und Vertrauen und Kompetenz auszustrahlen.

Stellen Sie sich vor den Spiegel, sodass Sie sich von der Seite sehen können. Schauen Sie genau hin, wie Sie stehen. Drehen Sie den Kopf wieder zur Mitte und führen Sie folgende Übung durch: Sie beugen Ihren Oberkörper ganz langsam Wirbel für Wirbel nach unten, bis Ihre Hände Ihre Füße anfassen können. Wenn Sie nicht so weit hinunterkommen, bleiben Sie auf der Höhe, die für Sie noch angenehm ist. Sie lassen den Kopf baumeln und gehen dann wieder ganz langsam nach oben. Zuletzt stellen Sie Ihren Kopf wieder auf. So sollten Sie nun stehen:

- Die Beine stehen hüftbreit auseinander und die Füße sind leicht nach außen gerichtet. Die Knie sind leicht gebeugt, nicht durchgestreckt.
- Der Rücken ist aufrecht, aber nicht steif. Das Becken ist nach vorne geschoben, es darf kein Hohlkreuz entstehen.
- Die Hände hängen locker neben dem Körper, der Kopf ist gerade. Die Schultern sind entspannt.

Anfangs kann das Üben anstrengend sein, da die Haltung ungewohnt ist und sich die Muskeln im Gesäßbereich schnell verspannen. Doch mit der Zeit gewöhnt sich Ihr Körper daran. Wenn Sie sich z. B. bei einem Vorstellungsgespräch oder einer Präsentation unsicher fühlen und Ihre Körperspannung nachlässt, hilft Ihnen diese Haltung.

Probieren Sie Gangarten aus

Übung 23

5 min

Manche Menschen erkennt man an ihren Schritten. Genauso wie die Körperhaltung können auch verschiedene Gangarten die innere Verfassung eines Menschen ausdrücken. Je nach Länge und Dynamik der Schritte kann jemand beispielsweise durch seine energische Gangart einen Raum einnehmen. Manche Menschen schweben durch die Räume, ähnlich einem Luftgeist, und fallen kaum auf. Ein introvertierter Mensch macht eher kleine Schritte; er mag sich auf Details konzentrieren: „Eins nach dem anderen und nicht zu schnell!" Ein Macher und Visionär macht eher große Schritte und betritt den Raum mit viel Elan. Probieren Sie einmal verschiedene Gangarten aus: Was nehmen Sie bei den einzelnen Gangarten wahr? Welche Unterschiede stellen Sie fest?

- Machen Sie schnelle und kurze Schritte.
- Gehen Sie energisch mit großen Schritten.

Lösung

Kurze und schnelle Schritte, wie auf dem linken Bild zu sehen, wirken unsicher, zögerlich und hektisch. Der energische Gang auf dem rechten Foto nimmt viel Raum ein, wirkt sehr souverän, kann aber zu energisch und aufgesetzt wirken, wenn er der Situation nicht angepasst ist.

Mimik und Gestik

Entdecken Sie Ihre Mimik

Übung 24
10 min

Für die folgende Übung brauchen Sie einen Spiegel. Aber zunächst stellen Sie sich so hin, dass Sie sich nicht im Spiegel sehen können. Stellen Sie sich nun vor, dass Sie im positiven Sinne völlig überrascht sind. Leichter fällt Ihnen das, wenn Sie sich an eine entsprechende Situation erinnern. Dann drehen Sie sich zum Spiegel und schauen sich Ihren Gesichtsausdruck an. Wichtig ist, dass Sie sich nicht zu schnell drehen. Danach führen Sie noch folgende Ausdrucksformen aus:

- Sie sind sehr skeptisch und trauen der Sache nicht.
- Sie sind überglücklich und freuen sich.
- Sie sind wütend und könnten auf den Tisch hauen.
- Sie fühlen sich wohl und schauen den Gesprächspartner direkt und offen an.

Lösung

Vielleicht sind Sie über die eigenen Gesichtsausdrücke erstaunt und wussten gar nicht, wie sie wirken. Oder Sie freuen sich, dass Ihre Vorstellung mit der Realität des Spiegels übereinstimmt. Oder Sie gehören zu den Menschen, die eher wenig Mimik einsetzen, sodass kaum Unterschiede zwischen den einzelnen Gesichtsausdrücken zu erkennen waren. Wichtig ist, dass Sie die Wirkung erzielen, die Sie beabsichtigen. Es gibt Menschen, die finster in die Welt blicken und völlig überrascht sind, wenn Sie hören, wie sie wirken. Sie haben ein anderes Bild von sich selbst als das Umfeld von ihnen. Je mehr Sie über Ihre Wirkung wissen, desto besser können Sie Reaktionen von Ihren Mitmenschen einordnen.

Praxistipps

Zahlreiche Blickarten und deren Bedeutung schildern wir im vorderen Teil des Buches ab S. 33.

Wie Gesten wirken

Übung 25
30 min

Für diese Übung brauchen Sie eine Videokamera oder einen Partner/Freund, der Ihnen zuschaut. Lesen Sie den folgenden Text aus dem Stück „Julius Cäsar" von William Shakespeare (Rede von Marcus Antonius) zuerst einige Male durch. Dann halten Sie die Rede frei, es muss nicht wortwörtlich sein. Danach tun Sie dies noch einmal, benutzen jedoch keine einzige Geste, indem Sie Ihre Hände fest hinter dem Rücken verschränken. Achten Sie auf die unterschiedliche Wirkung der beiden Vortragsweisen:

„Mitbürger, Freunde, Römer! Hört mich an.

Ich will Cäsar begraben und nicht loben.

Was Menschen Böses tun, bleibt meistens in Erinnerung, doch das Gute wird oft mit ihnen begraben. So ist das auch mit Cäsar! Der edle Brutus hat euch gesagt, dass Cäsar herrschsüchtig war. Wenn er es war, so war das ein schweres Vergehen und er hat dafür schwer gebüßt. Hier liegt er tot, mit Brutus Willen und dem Willen von Brutus Freunden. Denn Brutus ist ein ehrenwerter Mann. Und das sind auch seine Freunde. Alle ehrenwert!

Römer, Cäsar war mein Freund. Er war gerecht zu mir.

Doch Brutus sagt, er war herrschsüchtig. Und Brutus ist ein ehrenwerter Mann.

Cäsar brachte Gefangene nach Rom zurück und wenn die Armen nach Hilfe schrien, weinte er um sie. Hat die Herrschsucht nicht ein Herz aus Stein?

Doch Brutus sagt, dass Cäsar herrschsüchtig war! Und Brutus ist ein ehrenwerter Mann.

Ihr habt doch gesehen, als ich dem Cäsar die Kaiserkrone angeboten habe. Er hat sie drei Mal verweigert. Ist das die Herrschsucht?!

Doch Brutus sagt, dass er voller Herrschsucht war! Und er ist gewiss ein ehrenwerter Mann.

Römer! Ich will, was Brutus sagt, nicht widerlegen, ich spreche hier nur davon, was ich weiß. Ihr habt ihn alle nicht ohne Grund geliebt! Was für ein Grund hält euch also davon ab, um ihn zu trauern!? Habt ihr euren Verstand verloren und euer Herz vergessen?!

Ich (...) lege jetzt mein Herz in den Sarg zu meinem Freund und warte schweigend, bis es wieder für Rom schlagen darf."

Lösung

Reden mit Gestik:

Ihre Erzählweise ist lebhaft, Ihre Hände formen unterstützend Gedanken in die Luft, die beim Zuhörer eigene Bilder entstehen lassen. Ihr Gesichtsausdruck ist entspannter und ausdrucksvoller als bei einer Rede ohne Gestik.

Reden ohne Gestik:

Die Erzählweise wirkt monoton, Sie können keinen spannenden Erzählrhythmus finden. Sie wirken unbeteiligt oder kraftlos. Ihre Augen werden mit der Zeit starr, sogar die Stimme bekommt einen monotonen und langweiligen Tonfall.

Praxistipps

Die wichtigsten Gesten und ihre Bedeutung schildern wir im vorderen Teil des Buches ab S. 40.

Setzen Sie Ihre Gesten bewusst ein

Wie Sie bei der Übung erfahren haben, können Sie Gesten einsetzen, die den Inhalt des Gesagten unterstützen. Dabei sollten Sie auf Folgendes achten:

- Verwenden Sie keine aufgesetzten oder abgeschauten Gesten bei bestimmten Redewendungen oder Floskeln, denn sie sollen authentisch wirken. Der Grund Ihrer Gesten sollte in Ihren Emotionen und Ihrer inneren Haltung liegen.

- In einem Zweiergespräch, im Meeting oder bei einer Präsentation vor vielen Mitarbeitern sind die Größe und die Dynamik der Gesten unterschiedlich: Je mehr Publikum, umso wirkungsvoller und größer dürfen sie sein.
- Haben Sie den Mut, Gesten überhaupt einzusetzen und neue Gesten auszuprobieren. Schärfen Sie Ihre Wahrnehmung für Gesten und nehmen Sie neue in Ihr Repertoire auf.

Stimme und Tonfall

Mit dem natürlichen Ton sprechen

Übung 26

5 min

Sie wissen es selbst: Im richtigen Ton kann man fast alles sagen, im falschen gar nichts. Viele unterschätzen die Macht der Stimme, denn sie ist genauso ein körpersprachliches Signal wie beispielsweise die Mimik, Gestik oder Körperhaltung. Immerhin hängen 38 Prozent des Erfolgs von Kommunikation von Stimme und Sprechtechnik ab. Wenn Sie einen Gesprächspartner haben, der leise und undeutlich spricht, werden Sie mit der Zeit ungeduldig bis angespannt, weil es sehr anstrengend ist, zuzuhören. Egal, ob am Telefon oder in einem persönlichen Gespräch: Die Stimme kann die Kommunikation positiv oder negativ beeinflussen.

Hilfreich ist es, den natürlichen Eigenton der Stimme zu finden. Dabei hilft Ihnen folgende Übung:

- Zählen Sie in Ihrer üblichen Sprechweise und in mittlerer Lautstärke von eins bis zehn.
- Nun wiederholen Sie den Zählvorgang und werden immer langsamer. Fangen Sie an, die Vokale zu ziehen, bis Sie sehr langsam zählen.

Diese Übung können Sie immer wieder durchführen, z. B. bevor Sie länger sprechen müssen.

Lösung

Wenn Sie die Übung richtig durchgeführt haben, ist Ihre Stimme beim langsamen Zählen auf Ihre natürliche Sprechstimme gekommen. Wenn Sie generell zu hoch sprechen, hat Ihre Stimme nun mehr Resonanz gewonnen und ist tiefer geworden. Wenn Sie im Allgemeinen zu tief sprechen, hat Ihre Stimme weniger Druck und mehr hohe Klanganteile bekommen.

Praxistipps

So üben Sie Ihren Eigenton

Sie können anstelle der oben beschriebenen Zählübung auch Folgendes machen: Wenn Sie einen Text für sich lesen oder eine Rede vorbereiten, fügen Sie immer wieder ein „Mmh" ein, so als würde Ihnen etwas besonders gut schmecken. Das „Mmh" steht auch für Ihren Eigenton, Sie können die unterschiedliche Tonhöhe sofort wahrnehmen.

Darauf sollten Sie im Gespräch achten

- Beachten Sie während eines Gesprächs, wann sich der Tonfall verändert. Sind es bestimmte Themen oder Situationen?
- Findet ein Wechsel statt zwischen einer klaren und gepressten Stimme?
- Wird die Sprechgeschwindigkeit plötzlich schneller oder langsamer?
- Wann wird der Sprechfluss abgehackt?

Regeln Sie Ihre Lautstärke

Übung 27
5 min

Sagen Sie das Wort „Ball" zunächst so leise wie möglich und dann immer lauter. Wenn Sie am lautesten „Ball" gesagt haben, werden Sie wieder leiser, bis Sie das Wort flüstern. Zählen Sie mit, wie oft Sie „Ball" von leise bis ganz laut aussprechen, schreiben Sie die Zahl für sich auf. Führen Sie die Übung dreimal durch.

Wichtig: Wenn Sie laut sprechen, passen Sie bitte auf, dass Sie Ihre Stimme nicht überfordern und danach heiser sind. Werden Sie deshalb wieder leise, wenn Sie merken, dass sich Ihre Stimme überschlägt.

Achten Sie beim Üben auf Folgendes:

- Sprechen Sie beim leisen Sprechen trotzdem deutlich und verständlich, indem Sie exakt artikulieren.
- Arbeiten Sie beim lauten Sprechen nicht mit Druck, sondern mit der sogenannten „Stütze", der Kraft aus dem Rücken.

Lösung

Wenn Sie zwei- bis dreimal „Ball" aufgeschrieben haben, verfügen Sie noch über kein großes Repertoire an verschiedenen Lautstärken. Machen Sie deshalb die Übung täglich, Sie können natürlich verschiedene Wörter nehmen.

Wenn Sie vier- bis sechsmal „Ball" aufgeschrieben haben, besitzen Sie schon einige Möglichkeiten, Lautstärke einzusetzen. Optimieren Sie Ihre Stimme, indem Sie weiterhin trainieren.

Wenn Sie sieben- bis neunmal „Ball" notiert haben, sind Sie schon fast ein Profi. Üben Sie trotzdem weiter, vielleicht schaffen Sie dann sogar zehnmal.

MO-NI-KA – Silben mit dem Körper formen

Übung 28
5 min

Diese Übung eignet sich gut, bevor Sie länger sprechen müssen. Sie ist sozusagen ein körperliches und stimmliches Aufwärmtraining. Stellen Sie sich aufrecht hin, sprechen Sie drei unterschiedliche Silben und bewegen Sie sich dazu wie beschrieben:

Sie sprechen ein lautes „MO" und formen ein Fass, das Sie mit Ihren Armen festhalten. Sie haben einen breiten und festen Stand. „MO" ist die tiefe und sonore Bruststimme, Sie spüren die Vibration in Ihrem Körper.

Mit dem „NI" stehen Sie kerzengerade und strecken den ganzen Körper in die Höhe, als würden Sie ein einziges „I" sein. „NI" ist die scharfe Kopfstimme, die für andere unangenehm sein kann.

Mit dem „KA" stehen Sie entspannt da. Die Arme und Hände senken Sie wie Flügel nach unten. „KA" ist die klare und raumfüllende Stimme, die Sie z. B. bei Vorträgen benutzen sollten.

Grounding mit VU-DU

Übung 29
10 min

Bei dieser Übung trainieren Sie eine gestützte und klare Stimme. Sie werden feststellen, dass der Körper für die Stimme eine wichtige Rolle spielt und sehr unterstützend wirken kann. Führen Sie die gesamte Übung einige Male durch. Danach klingt Ihre Stimme tiefer und voller.

Sie verlagern Ihr Körpergewicht nach rechts, heben das linke Bein und sprechen dabei laut die Silbe „VU".

Sie stellen sich wieder gerade hin und sprechen ein lautes „DU". Sie haben einen festen Stand und gehen tief in die Hocke, so wie auf dem Foto abgebildet.

Jetzt verlagern Sie Ihr Gewicht auf die linke Seite, heben Ihr rechtes Bein an und sprechen dabei wieder ein lautes „VU"; mit einem „DU" kehren Sie in die Mitte zurück.

Shiva für Stimme und Gesicht

Übung 30
5 min

Strecken Sie die Zunge so weit es geht heraus. Öffnen Sie die Augen und den Mund, so weit Sie können. Diese Übung stammt aus dem indischen Tanz und wird als Vorbereitung für die Stimme und den Gesichtsausdruck durchgeführt.

Resonanzräume mit Vokalen öffnen

Übung 31
5 min

Der Körper besteht aus verschiedenen Resonanzräumen:

- Bauch
- Rücken
- Brustraum
- Hals
- Kopf
- Beine

Sie kennen das Vibrieren Ihrer Stimme im Hals- und Gesichtsbereich, bei einigen geht das Vibrieren bis zum Brustraum und manche spüren ihre Stimme bis hin zur Taille. Bei dieser Übung werden Sie merken, dass sich die Töne Ihrer Stimme neue Resonanzräume suchen und Sie dadurch eine kräftige, wohlklingende und präsente Stimme erhalten:

- Stellen Sie sich frei in den Raum, atmen Sie einige Male tief ein und aus. Dann formen Sie mit einer Ausatmung ein angesetztes „H“ und lassen es in ein „I“ übergehen. Schicken Sie dabei das „I“ in Ihren Kopf und spüren Sie mit einer Hand die Vibrationen an Schädeldecke, Wange und Stirn.
- Für die Vibration in der Brust formen Sie das „A“.
- Für den Bauch sprechen Sie das „O“.

- Für die Beine formen Sie das „U". Versuchen Sie das tiefste „U" zu tönen, ohne auf Ihre Stimmbänder (Hals) zu drücken.
- Nehmen Sie dabei mit der Hand jeweils die Vibrationen in Brust und Bauch bzw. Rücken wahr.

Wenn Sie das Bedürfnis haben, sich zu räuspern, weil sich Schleim löst, tun Sie dies nicht, sondern schlucken Sie und holen tief Luft. Durch das Räuspern wird nämlich der Schleim noch zäher, Sie müssen sich immer mehr räuspern und strengen dabei die Stimmbänder an.

Den Status kennen und wechseln

Statusmerkmale erkennen

Übung 32

5min

Je nachdem, in welchem „System" Sie sich gerade bewegen und in welcher Beziehung Sie zu jemandem stehen, agieren Sie entweder aus dem Tiefstatus oder aus dem Hochstatus. Beispielsweise nehmen Sie als Vorgesetzter oft den Hochstatus ein, wenn Sie aber bei Ihrer Schwiegermutter zu Besuch sind, befinden Sie sich möglicherweise eher im tiefen Status. Beurteilen Sie anhand der folgenden Abbildungen, welche körpersprachlichen Merkmale einen Menschen im Tiefstatus und im Hochstatus Ihrer Meinung nach auszeichnen. Achten Sie dabei auf Folgendes:

- Wie ist die Körperhaltung?
- Wie ist der Stand?
- Wie ist die Kopfhaltung?
- Wie ist der Blickkontakt?
- Wie sind die Gesten?
- Wie ist der Gang?

Wenn Sie die Merkmale aufgeschrieben haben, bewegen Sie sich im Zimmer einmal im Tiefstatus, danach im Hochstatus.

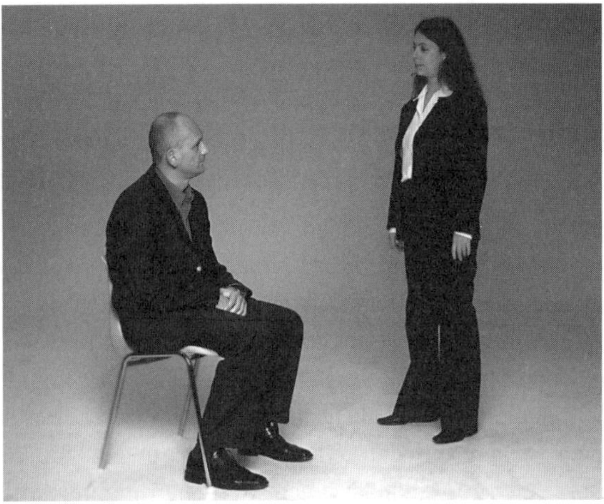

Lösung

Auf dem ersten Bild nimmt die Frau den Hochstatus, der Mann den Tiefstatus ein. Auf dem zweiten Bild nimmt die Frau ebenfalls den Hochstatus ein – obwohl sie sitzt!
Die Zeichen des hohen Status sind:

- aufrechte, Raum einnehmende Körperhaltung, sicherer Stand, der auch breitbeinig sein kann, die Füße sind eher nach außen gedreht,
- unbewegter Kopf beim Sprechen,
- direkter und herausfordernder Blick, langer Blickkontakt,
- eher große und klare Gesten,
- energische Gangart mitten durch den Raum, die Bewegungen sind jedoch nicht zu schnell.

Die Zeichen des tiefen Status sind:

- gebeugte Haltung, hängende oder eingezogene Schultern,
- unsicherer, geschlossener Stand, die Füße sind eher nach innen gedreht,
- der Kopf ist entweder oft nach unten oder auf die Seite geneigt, der Blick geht von unten nach oben, der Blickkontakt kann nicht lange gehalten werden,
- kleine und schnelle Gesten, die Unsicherheit vermitteln, wie z. B. die Mundschutzgeste,
- nervöses Lächeln oder Räuspern,
- zögerliche Gangart, schleichender Gang an den Wänden entlang; der Betreffende will nicht auffallen und überlässt den anderen den Raum.

Den Statuswechsel üben

Übung 33
60 min

Gehen Sie in die Stadt bummeln, in ein Café oder Museum und nehmen Sie während einer Stunde den Status ein, den Sie sonst selten leben. Setzen Sie jeweils die Körperhaltungen ein, die oben beschrieben sind. Beobachten Sie dabei, welche unterschiedlichen und vielleicht ungewohnten Reaktionen Sie bei den anderen Menschen auszulösen vermögen.

Praxistipp

Auch tiefer Status ist wichtig

Der Tiefstatus muss nicht unbedingt negativ sein. Wichtig ist, dass Sie denjenigen Status einnehmen, der für die Situation unterstützend wirkt:

- Wenn Sie mit einem dominanten Gesprächspartner verhandeln, der sich sehr gut auskennt, können Sie eine Zeit lang auch den tiefen Status einnehmen und Ihr Wissen nicht in den Vordergrund stellen. Im richtigen Moment benutzen Sie den hohen Status und steuern das Gespräch wieder.
- Im Mitarbeitergespräch kann es von Vorteil sein, dem Mitarbeiter gegenüber den tieferen Status einzunehmen, indem Sie sich zurücknehmen und dem Mitarbeiter zuhören. Dieser erhält dadurch Raum, um sich mitzuteilen.

Wie Sie Territorien beachten

Die richtige Distanz einhalten

Übung 34
15 min

Schnell können Sie sich durch die Missachtung der Intimzone Sympathien verspielen. Überschreiten Sie das Territorium Ihres Gesprächspartners, kann sich dieser bedrängt fühlen und wird dadurch verstimmt. Egal, ob es Ihre Mitarbeiter, Kollegen oder Kunden sind, versuchen Sie die richtige Distanz einzunehmen, um die Beziehung positiv zu gestalten.

Denken Sie an Ihren Berufsalltag und schreiben Sie auf, in welchen Situationen, bei welchen Handlungen oder Bewegungen die Gefahr besteht, das Revier eines anderen zu verletzen.

Lösung

Bei der Begrüßung

Auf diesem Bild sehen Sie eine dominante Begrüßung. Das Festhalten am Oberarm ist auch eine typische Politikergeste, um die eigene Dominanz auszudrücken. Wenn Sie Ihren Gesprächspartner sehr gut kennen, kann es auch ein Zeichen von Freundschaft oder Kumpelhaftigkeit sein. In dem hier abgebildeten Fall ist die Geste aber keine gute Vorraussetzung für ein Gespräch, da die Frau sich dabei offensichtlich unwohl fühlt.

Wenn sich zwei Personen nicht kennen, ist diese höfliche und diskrete Begrüßung angebracht. Keiner überschreitet dabei das Revier des anderen.

Im Zimmer Ihres Mitarbeiters

Der Vorgesetzte hält sich am Tisch und an der Stuhllehne mit seinen Händen fest, sodass die Mitarbeiterin von beiden Seiten geradezu eingeklemmt wird. Sie fühlt sich unwohl und zieht sich innerlich zurück.

Wenn Sie als Vorgesetzter ins Zimmer eines Mitarbeiters oder einer Mitarbeiterin kommen, sollten Sie kurz stehen bleiben. Damit zeigen Sie, dass Sie das Territorium des anderen respektieren. Mit einer Begrüßung oder einer Frage machen Sie dann auf sich aufmerksam.

Die Mitarbeiterin hat jetzt die Möglichkeit, dem Vorgesetzten ein Zeichen zu geben, dass er ihren Bildschirm anschauen kann.

Der Vorgesetzte stellt sich hinter den Tisch, ohne sich anzulehnen. Auf diese Weise entsteht eine angenehme Distanz, die Mitarbeiterin fühlt sich wohl und respektiert.

Bei einem Gespräch am Tisch

Auch bei einem Mitarbeiter- oder Kundengespräch am Tisch müssen Sie Territorien respektieren. Auf dem ersten Bild sehen Sie, wie der Mann seine Gesprächspartnerin regelrecht „überrennt". Seine Füße sind unter dem Tisch schon längst in ihr Territorium eingedrungen. Sein drohender Zeigefinger wirkt unangenehm; im nächsten Moment wird er wohl ihre Unterlagen berühren. Die Frau fühlt sich sichtlich unwohl und zieht sich zurück. Das zweite Foto zeigt Ihnen, wie es richtig ist: Die Tischmitte bildet eine imaginäre Grenzlinie zwischen den beiden Personen. Die Gesprächspartner akzeptieren die Territorien ihres Gegenübers. Der Mann nimmt eine offene Körperhaltung an und erzählt entspannt. Die Frau reagiert darauf neugierig und aufmerksam. Es herrscht eine angenehme und aufgeschlossene Atmosphäre.

Praxistipps

Keine Vertraulichkeiten!

Einem Kollegen, den Sie noch nicht gut kennen, sollten Sie bei einem Zusammentreffen, z. B. in der Mittags- oder in einer Meetingpause, keinesfalls auf die Schulter klopfen. Das könnte der andere als unangebracht kumpelhaft empfinden. Unangenehm ist es auch, wenn man seinen Gesprächspartner immer wieder antippt.

Sie sollten auch unbedingt vermeiden, Dinge Ihres Mitarbeiters oder Kollegen auf dem Schreibtisch zur Seite zu räumen und Bildschirm oder Tastatur zurechtzurücken, ohne vorher zu fragen.

Zu viel Distanz schadet auch

Manche Führungskräfte kommunizieren gerne auf Distanz: Sie stehen im Türrahmen und sprechen oder rufen ihren Mitarbeitern auf dem Flur etwas hinterher. Diese zu große Distanz zum Gesprächspartner kann dazu führen, dass sich die Mitarbeiter immer mehr von ihrer Führungskraft distanzieren und nicht mehr zuhören nach dem Motto „Oh, das habe ich nicht gehört!" Versuchen Sie bei Gesprächen immer eine persönliche Beziehung aufzubauen, denn nur dann haben Sie selbst die Möglichkeit zu überprüfen, ob auch alles bei Ihrem Gesprächspartner angekommen ist.

Mit den verschiedenen Körpertypen umgehen

Sich selbst und andere einschätzen

Übung 35
30 min

Jeder Mensch wird in seinem körperlichen Ausdruck nicht nur von genetischen Anlagen oder kulturellen Vorgaben bestimmt, sondern im Laufe der Jahre durch verschiedene Erfahrungen, Gedanken und Emotionen geprägt. Die unterschiedlichen Körpertypen – der dominante Typ, der genaue Typ, der Macher, der zwischenmenschliche Typ und der Schüchterne – schildern wir ausführlich im vorderen Teil des Buches ab S. 59 bzw. ab S. 112.

Überlegen und notieren Sie sich, zu welchem Grundtyp Sie selbst gehören.

Versuchen Sie auch vier Ihrer Mitarbeiter oder vier Personen aus Ihrem Freundeskreis in die Typologie einzuordnen. Erstellen Sie eine Liste mit den Grundtypen und den Merkmalen. Denken Sie daran, dass es immer um Tendenzen/Neigungen eines Menschen geht. Es ist durchaus möglich, dass ein Mensch zwei Grundtypen in sich vereint, z. B. den Macher und den Dominanten. Bei Ihrer Einschätzung können Sie die beispielhaften Abbildungen auf den folgenden Seiten zur Hilfe nehmen.

Person	Körpertyp	Merkmale

Vielleicht gelingt es Ihnen nicht auf Anhieb, die Tabelle auszufüllen. Dann sollten Sie sich noch Zeit lassen und Ihre „Zielpersonen" in den nächsten Tagen genau beobachten.

Der dominante Typ

Der genaue Typ

Der Macher

Der zwischenmenschliche Typ

Der schüchterne Typ

Die wichtigsten Situationen

Lesen Sie hier, wie Sie

- in einem Vorstellungsgespräch erfolgreich agieren,
- Ihre Mitarbeiter gekonnt motivieren,
- körpersprachlich kollegiales Verhalten zeigen,
- auf Ihre Kunden eingehen,
- einen erfolgreichen Auftritt gestalten.

Darum geht es in der Praxis

In den vorangegangenen Kapiteln haben Sie sich mit den Grundlagen von Körpersprache beschäftigt und viele Übungen kennengelernt, mit denen Sie körpersprachliche Signale erfolgreich deuten und einsetzen können.

Nun geht es um ganz konkrete berufliche Situationen. Wir beschreiben, wie Sie gezielt Ihre Körpersprache anwenden können, um z. B. Ihre Chancen bei einem Vorstellungsgespräch optimal zu nutzen, als Führungskraft zu überzeugen und berufliche Herausforderungen zu meistern.

In den folgenden Übungen lernen Sie, worauf es in wichtigen beruflichen Situationen ankommt. Viele der Übungen können Sie auch zur Vorbereitung auf eine solche Situation durchführen.

So gestalten Sie ein Vorstellungsgespräch

Was lief schief?

Übung 36

15 min

Beim Vorstellungsgespräch präsentieren Sie sich selbst bei einem Unternehmen und haben die Möglichkeit, Ihren Auftritt zu gestalten. Für den Personalverantwortlichen ist das Bewerbungsgespräch die Gelegenheit, Sie kennenzulernen. Er wird jeden Anhaltspunkt, der ihm bei der Einstellungsentscheidung hilft, bewusst oder unbewusst wahrnehmen. Beschreiben Sie, was Ihnen im folgenden Beispiel negativ auffällt und wie Sie die einzelnen Schritte positiv verändern würden:

Herr Rieger ist im Stau stecken geblieben, nervös schaut er auf die Uhr, er hat nicht mehr viel Zeit, um pünktlich bei seinem Vorstellungsgespräch zu erscheinen. Er hat es gerade noch geschafft und stürzt beim Personalverantwortlichen zur Tür herein. Seine Begrüßung ist knapp und vor lauter Atmen bringt er nur ein kurzes „Hallo" heraus. Er setzt sich sofort auf einen Stuhl, den er sich selbst ausgesucht hat. Während des Gesprächs zuckt er oft mit seinen Schultern oder er versucht, betont locker zu sein, indem er wegwerfende Handbewegungen macht. Doch eigentlich fühlt er sich im Raum erdrückt, er schrumpft förmlich. Bei der Verabschiedung denkt Herr Rieger schon wieder an die Autofahrt und schaut dem Personalverantwortlichen nicht richtig in die Augen.

Lösung

- Herr Rieger hat nicht genug Zeit eingeplant, um in Ruhe anzukommen und sich mental vorzubereiten.
- Die Art und Weise, wie Herr Rieger zur Tür hereinkommt, bestimmt schon den ersten Eindruck, den man von ihm hat.
- Eine freundliche Begrüßung mit einem klaren Händedruck, ein Blick in die Augen und ein Satz wie „Guten Tag, ich bin ..." sind die Voraussetzung für eine erfolgreiche Begegnung.
- Herr Rieger ist zu Gast, d. h., er muss abwarten, bis er einen Platz zugewiesen bekommt.
- Durch das Achselzucken wirkt er unsicher und nervös, seine Handgeste wertet ihn ab, er hinterlässt keine positive Selbstpräsentation.
- Herr Rieger ist gestresst und hat kein Bewusstsein für den Raum, seine Wahrnehmung ist eingeschränkt. Er schafft es nicht, durch eine aufrechte und souveräne Sitzhaltung den Raum für sich so einzunehmen, dass er sich selbst in ein gutes Licht rückt.
- Herr Rieger hat nicht bis zum Ende durchgehalten, denn die Verabschiedung ist genauso wichtig wie die Begrüßung. Solange er sich im Unternehmen aufhält, sollte er mit dem klaren Ziel und der inneren Haltung, diese Stelle zu bekommen, auftreten.

Hinweise, wie Sie sich bei einem Vorstellungsgespräch gut präsentieren, finden Sie im vorderen Teil ab S. 78.

Führen und motivieren

Demotivierende Signale herausfinden

Übung 37
10 min

Als Führungskraft müssen Sie ständig Arbeitsanweisungen geben, damit die geforderten Abteilungsziele erreicht werden. Um diese Ziele abzustecken und zu vereinbaren, führen Sie Mitarbeitergespräche durch. Ausgewertet werden die Ziele in den sogenannten Zielauswertungsgesprächen. Damit Sie Fehlentwicklungen möglichst frühzeitig korrigieren können, führen Sie außerdem viele andere Gespräche.

Sicherlich fragen Sie sich zwischendurch immer wieder einmal: Wie soll ich es denn eigentlich bei all den Zielen und Veränderungen im Unternehmen noch schaffen, meine Mitarbeiter dauerhaft zu motivieren? Eines der wichtigsten Instrumente jeder Führungskraft ist die Kommunikation. Da die Körpersprache ein bedeutender Teil der Kommunikation ist, müssen Sie sich als Führungskraft bewusst sein, welche Signale Sie senden.

Überlegen Sie sich, mit welchen körpersprachlichen Signalen Sie Ihre Mitarbeiter wahrscheinlich völlig demotivieren. Beschreiben Sie die entsprechende Haltung, Mimik, Gestik, den Tonfall usw. Versetzen Sie sich dabei in Ihre Mitarbeiter und stellen Sie sich unterschiedliche Kommunikationssituationen vor: bei der Begrüßung, im Flur, bei einer Arbeitsanweisung, im Meeting.

Lösung

Bei der Begrüßung

Eine gute Beziehung können Sie zu Ihren Mitarbeitern nicht aufbauen, wenn Sie diese bei der Begrüßung nicht richtig anschauen und keinen Blickkontakt aufnehmen. Ungünstig wirkt es auch, wenn Sie auf dem Flur in Eile auf einen Mitarbeiter zugehen und, gar noch mit dem Zeigefinger auf ihn deutend, Unterlagen von ihm verlangen. Der Zeigefinger strahlt etwas Drohendes und Besserwisserisches aus, er wird als Angriffsgeste verstanden.

Bei Arbeitsanweisungen

Bei Anweisungen wirkt folgendes Verhalten demotivierend:

- Wenn Sie mit den Händen in den Hosentaschen wichtige Mitteilungen machen.
- Wenn Sie sagen, dass ein Projekt wichtig ist, jedoch gleichzeitig abwertende Gesten machen.
- Wenn Sie sich keine Zeit nehmen und nur vom Türrahmen aus Anweisungen geben.
- Wenn Sie ständig die Intimzone Ihrer Mitarbeiter überschreiten, indem Sie ihnen zu nahe treten oder auf dem Schreibtisch unaufgefordert Unterlagen suchen.

Im Meeting

Sie spornen Sie Ihre Mitarbeiter nicht an, wenn Sie ständig mit Ihrem Handy telefonieren und immer wieder den Raum verlassen; wenn Sie eine unterspannte und desinteressierte Körperhaltung einnehmen und wenn Sie mit Ihren Fingern auf den Tisch trommeln oder mit Ihrem Kugelschreiber spielen.

- Ein Vorgesetzter, der seine Mitarbeiter mit seinen Körpersignalen bedroht – etwa durch ausgestreckte Zeigefinger, mit denen er auf seine Mitarbeiter deutet –, kann vielleicht kurzfristig motivieren, doch er schafft auf Dauer kein Arbeitsumfeld, in dem Menschen sich herausgefordert fühlen.
- Die Bereitschaft, eigene Fehler zuzugeben, ist eine großartige Führungsqualität, doch in der Verbindung mit einer unterwürfigen Körperhaltung und ratlosen Gesten führt sie eher zu Misstrauen. Jede anbiedernde Körperhaltung eines Vorgesetzten kann leicht als ein Erpressungsversuch interpretiert werden und bei den Mitarbeitern auf innere Ablehnung stoßen.
- Eine zu legere Körperhaltung eines Vorgesetzten kann auf zu großen inneren Abstand oder auf Ignoranz hindeuten. Eine Führungskraft, die sich betont entspannt gibt, will entweder ihrem Gesprächspartner ein deutliches Signal senden, dass ihr die Sache nicht wichtig ist, oder sie schenkt ihr tatsächlich wenig Interesse.
- Ist der Oberkörper des Vorgesetzten zwar seinen Gesprächspartnern zugewandt, doch seine Beine auf die andere Seite geneigt, deutet er die Aufmerksamkeit bloß an. In Wahrheit ist er gelangweilt und eigentlich geistig bereits nicht mehr anwesend.

Körpersignale der Mitarbeiter wahrnehmen

Übung 38
5 min

Frau Wolff ist Abteilungsleiterin eines Baustoffunternehmens. Sie ist sehr klar und direkt in ihrem Führungsstil. Sie bespricht mit ihrem Mitarbeiter Herrn Kemp den neuen Produktionsplan und geht davon aus, dass alles reibungslos funktioniert. Herr Kemp bleibt wortkarg und tritt von einem Bein auf das andere. Er sieht immer wieder auf den Boden und fasst sich dauernd mit der Hand an den Nacken. Er ist sichtlich verlegen, doch er will seine Vorgesetzte nicht enttäuschen. Frau Wolff beendet das Gespräch mit einem „Schaffen Sie es?", und Kerr Kemp antwortet schnell „Ja, wir schaffen es". Jeder geht wieder seines Weges und einige Tage später gibt es einen Produktionsstillstand.

Was ist passiert? Beschreiben Sie, was in diesem Beispiel zwischen der Vorgesetzten und dem Mitarbeiter falsch gelaufen ist.

Lösung

Frau Wolff hat die Körpersignale ihres Mitarbeiters nicht wahrgenommen. Sie hat nicht bemerkt, dass er nervös war und ihr eigentlich etwas sagen wollte. Herrn Kemp fiel es schwer, von sich aus zu sprechen und lieber nahm er die Überforderung in Kauf, als seine Zweifel auszudrücken. Hätte Frau Wolff seine Signale registriert, hätte sie nach seinen Bedenken fragen und den Produktionsplan auf dieser Basis besser abstimmen können.

Praxistipp

Führen heißt Kommunikationsprozesse verstehen

Als Führungskraft haben Sie nicht nur die Aufgabe, dass Sie Anweisungen und Ziele vorgeben, sondern Sie übernehmen auch die Verantwortung dafür, dass Ihre Mitarbeiter Ihre Anweisungen verstehen. Überprüfen Sie dies in der jeweiligen Situation anhand der körpersprachlichen Reaktionssignale Ihrer Mitarbeiter und fragen Sie bei Bedarf nach: „Gibt es noch andere Informationen, die für mich wichtig sind? Wollen Sie mir etwas sagen? Ist die Umsetzung klar?"

Mit Kollegen zusammenarbeiten

Wie sage ich es meinem Kollegen?

Übung 39
10 min

Eine typische Situation im beruflichen Alltag, die Sie bestimmt kennen:

Herr Wirth benötigt unbedingt Unterlagen von seinem Kollegen, Herrn Kranzer, damit er seine Präsentation rechtzeitig fertigstellen kann.

Er geht zu seinem Kollegen, tritt schnell in dessen Zimmer ein und geradezu mit raschen Schritten an dessen Tisch heran. Mit dem Zeigefinger auf sein Gegenüber deutend, fragt er: „Herr Kranzer, wie weit sind Sie denn mit der Tabellenerstellung?" Währenddessen blickt Herr Wirth seinen Kollegen an dessen Nase entlang an und lehnt den Kopf leicht in den Nacken zurück. Herr Kranzer antwortet gereizt: „Wenn Sie Glück haben, werde ich heute fertig damit. Können Sie sich nicht einmal etwas gedulden?"

Woran kann es liegen, dass Herr Kranzer verstimmt reagierte?

Lösung

Herr Wirth sendet folgende körpersprachlichen Signale, während er mit seinem Kollegen sprach:

- schneller Eintritt ins Zimmer und Herantreten bis an den Tisch: Verletzung des Territoriums,
- dominante Haltung und Deuten mit dem Zeigefinger: drohende Geste, überhebliche Haltung,
- Blick und Kopfhaltung: taxierend, misstrauisch.

Herr Kranzer nahm diese Signale bewusst oder unbewusst wahr, distanzierte sich innerlich und war verstimmt.

Hilfesignale erkennen

Übung 40
60 min

Im Team zu arbeiten, bedeutet für jeden eine große Herausforderung. Ganz unterschiedliche Typen von Menschen treffen aufeinander und jeder besitzt seine eigene Wahrnehmung und Perspektive. Dadurch sind Konflikte und Krisen so gut wie programmiert. Sie können aber durch Ihre geschärfte Wahrnehmung körpersprachliche Signale, die auf drohenden Ärger hindeuten oder die Bitte um Hilfe signalisieren, erkennen.

Beobachten Sie eine Woche lang Ihre Kollegen:

Welche Körpersignale, die auf Bitte um Unterstützung oder Hilfe hindeuten, nehmen Sie bei ihnen wahr?

Schreiben Sie Ihre Beobachtungen auf.

Lösung

Folgende körpersprachliche Signale sind möglich, aber vielleicht sind Ihnen auch noch andere aufgefallen:

- eingefallene oder geschlossene Körperhaltung,
- hängende Schultern und Arme,
- nach vorne gesenkter Kopf,
- ablehnende Gestik,
- sparsame Mimik,
- zusammengekniffene Lippen,
- wenig Blickkontakt,
- eine zittrige oder leise Stimme.

Praxistipps

Die Zusammenarbeit im Team, in der Abteilung und im gesamten Unternehmen ist eine wertvolle Ressource, die nicht immer voll ausgeschöpft wird. Zusammenarbeit heißt:

- aktiv in die Kommunikation gehen und Fragen stellen, Informationen weitergeben,
- den Kollegen unterstützen, wenn Sie erkennen, dass er Hilfe braucht,
- Ideen annehmen und weiterentwickeln,
- Konflikte im Team wahrnehmen und offen ansprechen,
- bei Besprechungen zuhören und alle Teilnehmer integrieren.

Gesprächspartner einbeziehen

Übung 41
5 min

Frau Heller aus der Personalabteilung steht mit ihren Kollegen zusammen und berichtet über das Fortbildungsseminar, an dem sie am Wochenende teilgenommen hat. Im Unternehmen gibt es eine neue Organisationsstruktur und deshalb sind einige Veränderungen geplant. Die Kollegen stellen Fragen und sind auf die Antworten Frau Hellers gespannt. Während des Gesprächs schaut sie immer in die gleiche Richtung und hält nur zu zwei Kollegen Blickkontakt, den anderen beiden kehrt immer wieder den Rücken zu. Die beiden gehen leicht verärgert an ihre Arbeitsplätze zurück.

Kennen Sie eine solche Situation? Was hat Frau Heller falsch gemacht? Sie beachtete zwei Kollegen während des Gesprächs in der Gruppe nicht und grenzte sie dadurch aus. Sie hat es nicht absichtlich gemacht, doch für die beiden war es sehr unangenehm, nicht wahrgenommen zu werden.

Es ist tatsächlich Übungssache, wie schnell und bewusst Sie im Kreise einer Gruppe alle abwechselnd anschauen können – trainieren Sie es:

Stellen Sie etwa fünf bis sechs Stühle um sich herum, so als wären es Menschen, die in einer Gruppe zusammenstehen. Jetzt erzählen sie den Stühlen etwas (was Sie erzählen, ist egal) und schauen immer abwechslungsweise von einem Stuhl zum nächsten. Versuchen Sie immer gleich lange bei einem Stuhl zu verweilen.

Lösung

Am Anfang fällt es Ihnen sicher schwer, alle Stühle abwechselnd anzusehen. Doch sobald Sie es öfter geübt haben und es im Alltag immer wieder bewusst einsetzen, werden Sie sehen, dass Sie es plötzlich automatisch machen. Dieses Integrieren von allen Gesprächspartnern ist bei einem Meeting oder bei einer Konferenz besonders wichtig!

Praxistipps

Zahlreiche Tipps für Ihr Verhalten gegenüber Kollegen – wenn Sie neu im Unternehmen oder in einem Team sind, vor und während Besprechungen – finden Sie im vorderen Teil ab S. 88.

Im Verkaufsgespräch überzeugen

Den Kunden richtig ansprechen

Übung 42
15 min

Im direkten Kundenkontakt haben Sie die größte Chance, Ihren Kunden zu überzeugen, es besteht aber auch gleichzeitig die größte Gefahr, vieles nicht richtig zu machen, denn Ihrem Kunden entgeht nichts. Ein Beispiel:

Herr Kretschmar befindet sich auf einer großen Bau-Messe, er geht von Stand zu Stand, um sich über die neuen Produkte zu informieren. Bei einem Stand bleibt er stehen und möchte mehr Informationen zu den ausgestellten Produkten. Er sucht einen Messeberater und sieht, wie sich zwei Berater unterhalten und ihn nicht bemerken. Er tritt näher an sie heran, um sie auf sich aufmerksam zu machen. Einer der Berater spricht ihn an, schaut sich aber während des Gesprächs immer wieder um, als würde er jemanden suchen. Herr Kretschmar ist verunsichert. Der Berater hört nicht auf zu sprechen und fuchtelt mit seinen Händen vor Herrn Kretschmars Gesicht herum. Dieser möchte eine Frage stellen, doch kaum hat er Luft geholt, spricht der Berater weiter. Herr Kretschmar macht einen Schritt zurück und runzelt die Stirn. Er bedankt sich und geht weiter.

Worüber hat sich Herr Kretschmar geärgert?

Lösung

Herr Kretschmar hat sich auf dem Messestand nicht willkommen gefühlt, denn am Anfang musste er sich bemühen, um überhaupt gesehen zu werden. Danach hatte er das Gefühl, die beiden Berater in ihrer Unterhaltung unterbrochen zu haben. Zudem ist sein Berater beim Gespräch in keiner Weise auf Herrn Kretschmar eingegangen.

Praxistipps

Die Chancen im Kundenkontakt

- Sie können Ihren Kunden mit seinen Bedürfnissen persönlich kennenlernen. Sie können eine Beziehung zu ihm aufbauen und diese so gestalten, dass der Kunde wiederkommt.
- Der Kunde hat mit Ihnen gute Gespräche geführt und das merkt er sich. Er wird Sie weiterempfehlen.

Die Gefahren im Kundenkontakt

- Wenn Sie abweisende Körpersignale senden, wird ein potenzieller Kunde Sie nicht ansprechen.
- Während des Gesprächs überrollen Sie den Kunden mit Ihren Gesten.
- Sie halten keinen Blickkontakt oder haben eine unterspannte Körperhaltung: Sie signalisieren Desinteresse.
- Sie gehen nicht auf den Kundentyp ein, sprechen an ihm vorbei und machen Bewegungen, die für ihn unangenehm sind. Der Kunde fühlt sich nicht verstanden.

Kundenansprache beschreiben

Übung 43
10 min

Die folgenden Bilder zeigen ein Gespräch zwischen einem Kundenberater und einer Kundin. Erläutern Sie die Körpersprache des Kundenberaters.

1

2

3

4

Lösung

1 Der Berater kommt der Kundin viel zu nahe, als würde er sie nicht richtig verstehen. Die Kundin fühlt sich in dieser Situation sichtlich unwohl, geradezu unter Druck gesetzt. Sie möchte ausweichen.

2 Die Kundin erzählt, wie sie sich das Produkt vorstellt, welches ihre Firma sucht. Der Berater lehnt sich beim Zuhören skeptisch zurück, als würde sie nur Unfug erzählen. Er kommt sich ihr überlegen vor und sein Blick wirkt von oben herab.

3 Der Berater muss nicht mit offenen Armen und einem devoten Lächeln dastehen und zuhören. Selbst in einer Haltung mit verschränkten Armen kann er sein Interesse signalisieren, wie auf dem nebenstehenden Foto gut zu erkennen ist.

4 Diese Abbildung zeigt einen Berater, der eine gute Gesprächssituation geschaffen hat. Die Kundin fühlt sich sichtlich wohl. Dies ist die beste Voraussetzung, um auf der Messe langfristige und erfolgreiche Kontakte aufzubauen.

Erfolgreich präsentieren

Angemessen vor anderen auftreten

Übung 44
15 min

Lesen Sie bitte folgendes Beispiel – wir wiederholen es zu Übungszwecken aus dem vorderen Teil – und notieren Sie sich detailliert, warum Herr Beck Ihrer Meinung nach auf sein Publikum nicht überzeugend wirkte:

Herr Beck soll bei einer Kick-off-Veranstaltung seiner Bank vor 180 Filialleitern über die Einführung eines neuen Beratungsmodells sprechen. Die Filialleiter wissen noch nichts Detailliertes, doch haben schon viele Gerüchte die Runde gemacht. Die bevorstehende Veränderung erfüllt die meisten mit Skepsis. Sie müssen die Informationen an ihre Mitarbeiter weitergeben.

Herr Beck betritt die Bühne flott, mit einem großzügigen Lächeln auf dem Gesicht und beginnt sofort, in einem schnellen, doch lockeren Tempo über die bevorstehenden Veränderungen zu referieren. Er steckt leger eine Hand in die Hosentasche und geht während seiner Rede hin und her, vor und zurück. Es sieht aus, als würde er mit seiner ganzen Erscheinung gutes Wetter machen wollen. Die Filialleiter gewinnen während der Rede zunehmend den Eindruck, dass Herr Beck von den Schwierigkeiten der Einführung des neuen Beratungsmodells entweder keine Ahnung hat oder sie auf die leichte Schulter nimmt.

Lösung

Herr Beck scheint zwar über eine gewisse Routine im Vortragen und Präsentieren zu verfügen, dennoch macht er einige gravierende Fehler, die Sie bei Ihren Auftritten vermeiden können:

- Die körperlichen Signale Herrn Becks sind nicht dem Inhalt der Rede angepasst und deuten darauf hin, dass er die Erwartungen und möglichen Ängste der Zuhörer missachtet.
- Herr Beck betritt die Bühne voller Elan und Leichtigkeit, damit signalisiert er Freude, beinahe Heiterkeit. Diese Haltung ist dem Thema seiner Rede nicht angemessen.
- Die Gesten und die Körperhaltung von Herrn Beck drücken ebenfalls eine Lockerheit und Nonchalance aus, die sich mit dem Inhalt seines Vortrags nicht vertragen.
- Der schnelle Rhythmus seines Sprechens könnte als Unkonzentriertheit ausgelegt werden oder auf Manipulation hindeuten. Die Zuhörer werden misstrauisch und vermuten, dass Herr Beck möglicherweise vom Inhalt ablenken möchte.
- Er vermittelt mit seinem gesamten körperlichen Ausdruck eine Haltung, die man als arrogant oder manipulativ interpretieren könnte.

Lebendig erzählen

Übung 45
60 min

Eine klare und fesselnde Körpersprache können Sie lernen! Folgende Übungen helfen Ihnen dabei. Entweder bitten Sie einen Bekannten, Ihnen nach der Übung ein Feedback zu geben, oder Sie nehmen sich selbst mit der Videokamera auf.

1 Lesen Sie eines der populären Märchen der Gebrüder Grimm oder von H. C. Andersen und versuchen Sie es nachzuerzählen. Malen Sie mit der Stimme richtig aus, was Sie erzählen. Machen Sie die Stimmen der Tiere nach, verstellen Sie sich. Versuchen Sie, sich körperlich in die verschiedenen Figuren einzufühlen, so, als würden Sie die Geschichte einem Kind vorspielen.

2 Erzählen Sie die Geschichte, während Sie sich vorstellen, ein kleines ängstliches Entlein zu sein, danach ein alter, grimmiger und von Magengeschwüren geplagter Wolf.

3 Wechseln Sie Ihre innere Haltung. Erzählen Sie nacheinander das Märchen,
   - als hätten Sie keine Lust dazu,
   - als hätten Sie es furchtbar eilig, also sehr hektisch,
   - als würden Sie vor Lachen platzen.

4 Nehmen Sie eine einfache und kurze Meldung aus der Zeitung oder ein Memo Ihres Vorgesetzten oder Mitarbeiters und erzählen Sie diesen Text zuerst als eine spannende und dann als eine todtraurige Geschichte.

Lösung

Bitten Sie Ihren Bekannten um Feedback oder schauen Sie sich die Videoaufnahmen an und achten Sie dabei besonders darauf, wie sich Ihre Körpersprache verändert.

Je nach Figur, in die Sie sich hineinversetzt, oder innerer Haltung, die Sie eingenommen haben, haben sich der Rhythmus, die Sprechweise, der Tonfall und Ihr gesamter Körperausdruck verändert. Analysieren Sie Ihre Erkenntnisse und überlegen Sie sich, wie Sie in Zukunft Ihre Reden lebendig gestalten wollen.

Die Rede üben

Übung 46
je nach Länge der Rede

In ähnlicher Weise wie in der vorigen Übung können Sie sich auf ein bevorstehende Rede vorbereiten: Tragen Sie eine konkrete Rede, die Sie in nächster Zeit halten müssen, laut einem Bekannten vor oder üben Sie vor der Videokamera.

Berücksichtigen Sie dabei unsere Vorschläge aus den Punkten 2 bis 3 aus der vorigen Übung: Tragen Sie zu Übungszwecken Ihre Rede vor, als wären Sie ein ängstliches Entlein, als hätten Sie Magengeschwüre, als hätten Sie keine Lust dazu, als würden Sie vor Lachen platzen usw.

Sie werden merken: Wenn Sie nach solchen Übungen die Rede im „normalen" Stil vortragen, ist Ihr Vortrag lebendiger und fesselnder geworden.

Lampenfieber abbauen

Übung 47
10 min

Sie können sich kurz vor Ihrem Auftritt mit einer beliebten Schauspielübung aufwärmen. Die Übung hilft, übermäßigen Druck abzubauen und die innere Anspannung zu lösen und lässt Sie auch ein wichtiges Bühnengesetz unmittelbar erleben: die Balance zwischen Spannung und Entspannung.

Verwandeln Sie sich schnell in ein Monster: Schneiden Sie schreckliche Grimassen. Strecken Sie die Zunge raus und rollen Sie mit den Augen. Greifen Sie mit Ihren Händen gierig um sich, buckeln Sie sich und krümmen Sie die Beine. Brummen Sie bedrohlich oder lachen Sie dreckig.

Vergessen Sie nicht, dabei zu atmen.

Im nächsten Augenblick verwandeln Sie sich wieder in einen sympathischen Redner, der gleich vor sein Publikum tritt.

Körper und Raum wahrnehmen

Übung 48
10 min

Wenn Sie vor einer Gruppe und in einem größeren Raum sprechen müssen, hilft folgende Übung unmittelbar vor Ihrem Auftritt:

- Gehen Sie entspannt durch den Raum, versuchen Sie, gleichmäßig zu gehen.
- Schauen Sie sich den Raum genau an, stellen Sie sich vor, Ihre Augen wären Scheinwerfer, die in der Dunkelheit den Raum abtasten.
- Sie können sich selber den Befehl „freeze" geben und Sie bleiben auf der Stelle in der Haltung stehen, in der Sie sich gerade befinden.
- Sie bleiben 5 Sekunden in der eingefrorenen Haltung stehen und halten die Spannung im Körper. Denken Sie daran weiterzuatmen.
- Sie gehen wieder durch den Raum und geben sich erneut den Befehl „freeze". Jetzt stellen Sie sich vor, dass Sie silberne Fäden durch den Raum schicken. Der Faden beginnt in Ihrem Körper (Kopf, Rücken, Becken, Knie, Füße usw.) und endet an den Wänden oder an der Decke. Sie senden viele Energiefäden durch den Raum.
- Wiederholen Sie die Übung einige Male und schütteln Sie danach Ihren Körper aus.

Rücksicht nehmen auf den Vorredner

Übung 49
5 min

Sie kennen die Situation wahrscheinlich: Ihr Vorredner präsentiert noch, während Sie schon auf der Bühne auf den richtigen Einsatz und Ihren Auftritt warten.

Betrachten Sie die beiden Bilder und notieren Sie sich, was Ihnen jeweils an der Person im Hintergrund auffällt.

Lösung

Auf dem linken Bild erkennen Sie eine Person, die schon auf der Bühne ist, doch auf ihren Auftritt noch warten muss. Sie wirkt sichtlich gelangweilt. Ein verheerender Fehler, denn das Publikum nimmt erstens die Langeweile wahr und die Frau wertet ihren Vorredner dadurch ab.

Auf dem rechten Bild sehen Sie die feine Abwandlung des Versuchs, sich auf der Bühne „unsichtbar" zu machen. Die wartende Rednerin denkt, solange sie noch im Hintergrund ist, müsse sie nicht präsent sein. Eine ziemlich fahrlässige Einstellung und dem Redner im Vordergrund gegenüber überdies unhöflich.

Praxistipps

Wenn Sie schon auf der Bühne sind und noch darauf warten müssen, bis der Moderator Sie vorgestellt hat oder Ihr Vorredner seinen Beitrag beendet hat,

- machen Sie sich nicht unsichtbar und halten Sie Ihre Körperspannung, denn die Zuschauer schauen auch Sie an,
- unterstützen Sie Ihren Kollegen, indem Sie ihm beim Präsentieren aufmerksam zuhören und zuschauen.

Ihr Auftritt auf der Bühne

Übung 50
5 min

Mit dieser Übung trainieren Sie Ihren Auftritt auf der Bühne vom ersten Schritt an. Stellen Sie sich vor, auf dem Boden wäre ein großes „V" aufgezeichnet:

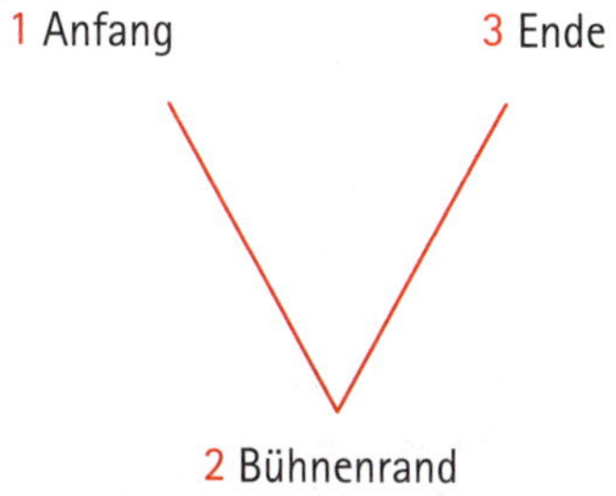

Stellen Sie sich auf Punkt 1 mit dem Rücken zum imaginären Bühnenrand und konzentrieren Sie sich eine Minute lang. Mit einer klaren Entscheidung drehen Sie sich danach um und gehen zielstrebig zu Punkt 2. Hier am Bühnenrand sagen Sie: „Mein Name ist ... und ich werde heute über ... sprechen." Anschließend gehen Sie zu Punkt 3, erst hier ist Ihr Auftritt zu Ende. Anschließend beantworten Sie sich selbst bitte die folgenden Fragen: Habe ich mir bei Punkt 1 genug Zeit genommen, um mich zu konzentrieren? Habe ich mit dem Sprechen gewartet, bis ich tatsächlich vorne an Punkt 2 war? Hatte ich bei Punkt 2 das Gefühl, ganz vorne zu stehen und den Raum förmlich zu dominieren oder hatte ich eher Angst, ich würde mich zu weit nach vorne wagen? Hatte ich einen klaren Abgang auf Punkt 3?

Blockaden lösen

Übung 51
5 min

Die Fähigkeit, Emotionen und die inneren Motive einer Figur, für die Zuschauer sichtbar und verständlich zu machen, ist das eigentliche Herz der Schauspielkunst, eine komplexe und schwierige Angelegenheit, die jahrelanges Training verlangt und schließlich darüber entscheidet, ob ein Schauspieler in seinem Beruf erfolgreich wird. Es wäre überheblich und dumm, Ihnen anhand dieses Buches beibringen zu wollen, was bei Schauspielern oft Jahre dauert. Doch es gibt eine sehr schöne Übung, die von dem amerikanischen Theaterpädagogen Lee Strasberg entwickelt wurde, um dem Schauspieler zu helfen, die Blockaden zu lösen, die ihn beim Ausdruck der inneren Haltungen und Emotionen hindern.

Strasberg nannte diese Übung „private moments". Die Idee dahinter ist ganz einfach: Strasberg wusste genau, wie schwer es einem Menschen fällt, auf der Bühne allein vor ein Publikum zu treten und authentisch zu wirken. Manche neigen in dieser Situation zu nervösem und übertriebenem Auftreten, andere tendieren eher zur völligen Verkrampfung. Strasberg bat also seine Schüler auf die Bühne und forderte sie auf, etwas darzustellen, was sie oft, gerne und mit Leidenschaft tun, wenn sie allein sind. Die Wirkung dieser Übung ist verblüffend. Beinahe jeder, der sie mit der nötigen Konzentration durchführt, verliert dadurch seine Angst, auf die Bühne zu treten oder den Druck, etwas Außergewöhnliches liefern zu müssen.

Versuchen Sie es also selbst, auch wenn Sie schon öfter vor vielen Menschen auf der Bühne gestanden sind. Diese Erfahrung wird Sie bereichern und es gelingt Ihnen möglicherweise, Ihren nächsten Auftritt noch freier und authentischer zu gestalten als bisher.

Für diejenigen unter Ihnen, die immer noch Angst vor einer Präsentation haben, könnte diese Übung ein wahres „Aha-Erlebnis" bedeuten. Sie werden sich danach zwar auf der Bühne auch nicht unbedingt wie in Ihrem ureigensten Element fühlen, aber die Übung nimmt Ihnen sicherlich ein wenig die Angst vor einem Auftritt und schenkt Ihnen Freude daran. Hier sehen Sie zwei Beispiele:

Praxistipps

Checkliste für einen authentischen Auftritt
▪ Klären Sie vor dem Auftritt Ihre Motive und Ihre innere Haltung: Was will ich eigentlich sagen? Welche Botschaft möchte ich vermitteln?
▪ Wichtig im Vorfeld: Freuen Sie sich auf den Gesprächstermin oder auf die Präsentation.
▪ Machen Sie einen fremden Raum zu Ihrem eigenen Raum, indem Sie Ihre Vorstellungskraft nutzen und Ihre Bilder lebendig werden lassen. Vorsicht: Wenn Sie zu Gast sind, versuchen Sie nicht, den Raum zu dominieren.
▪ Denken Sie an eine aufrechte und offene Haltung.
▪ Machen Sie sich sichtbar und schleichen Sie nicht an den Wänden entlang.
▪ Wenn Sie betroffen oder begeistert sind, lassen Sie Ihren Gesprächspartner oder die Zuschauer daran teilhaben.
▪ Benutzen Sie Ihre Gesten als Unterstützung für das, was Sie sagen.
▪ Nur wenn Ihre gesamte Körpersprache mit dem Inhalt Ihrer Rede übereinstimmt, wirken Sie authentisch und glaubwürdig.

Großer Wissenstest

1 Welche fünf unterschiedlichen Körpertypen werden im Buch beschrieben?

a) Der Zwischenmenschliche, der Macher, der Dominante, der Genaue und der Introvertierte

b) Der Macher, der Dominante, der Zwischenmenschliche, der Genaue und der Schüchterne

c) Der Genaue, der Zwischenmenschliche, der Starke, der Macher und der Schüchterne

2 Authentisch sind Sie, wenn ...

a) Sie Ihre innere Haltung nicht ausdrücken und gelernte Gesten gezielt einsetzen.

b) Sie spontan und unbekümmert reagieren.

c) Ihre innere Haltung mit der äußeren Haltung übereinstimmt.

3 Verschränkte Arme bedeuten ...

a) Desinteresse oder mangelnde Motivation.

b) Arroganz.

c) für sich betrachtet nichts, denn der gesamte Körperausdruck eines Gesprächspartners muss berücksichtigt werden.

4 Die Körperhaltung auf dem Foto wirkt ...

a) trotz Aufgeschlossenheit kritisch.
b) aggressiv und misstrauisch.
c) aufgeschlossen und direkt.

5 Die Mimik der Person auf dem Bild sagt Ihnen, dass ...

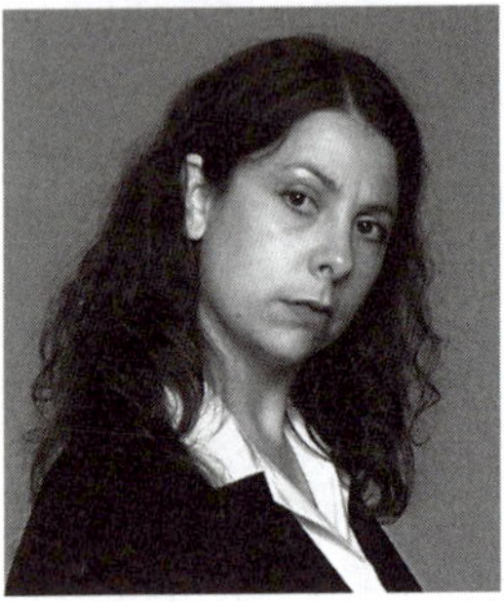

a) sie erwartungsvoll ist und Interesse signalisiert.
b) sie eher eine kritische und prüfende Haltung einnimmt.
c) sie offen und direkt zuhört.

6 Eine lebhafte Sprechweise entsteht durch ...

a) Tempo- und Lautstärkewechsel sowie Abwechslung in der Betonung und der Sprachmelodie.
b) Vorstellungskraft, Abwechslung in der Lautstärke, Dynamikwechsel, Modulation in der Stimme.
c) Tempo- und Lautstärkewechsel, Abwechslung in der Sprachmelodie und der Stimmlage.

7 Herr Richter ist Außendienstmitarbeiter eines namhaften Maschinenherstellers. Er besucht Herrn Kiener, den Geschäftsführer einer Papiermaschinenfabrik. Herr Richter betritt den Besprechungsraum mit großen Schritten, strahlt den Kunden freudig an und streckt als Erster die Hand zum Begrüßen aus. Er rückt sich einen Stuhl zurecht, setzt sich hin und beginnt mit viel Elan von den Vorzügen der neuen Maschinen zu erzählen. Er hofft, Herrn Kiener für die gesamte Erneuerung des Maschinenparks gewinnen zu können.
Was halten Sie von Herrn Richters Auftritt?

a) Dieser strahlende Auftritt wird den Kunden sicherlich überzeugen.
b) Sein Auftritt ist strategisch nicht klug. Er hätte als Vertreter eines namhaften Herstellers stolz auftreten müssen und nicht gleich die Erneuerung des ganzen Maschinenparks vorschlagen sollen.
c) Herr Richter nimmt einen zu hohen Status ein und überrollt den Kunden mit seinem Auftreten. Er übernimmt bereits bei der Begrüßung die Initiative, obwohl er beim Kunden zu Gast ist.

8 Das Überschreiten des Territoriums kann beim Gesprächspartner Folgendes auslösen:

a) Gefühl der Bedrohung, Unsicherheit oder Aggression
b) Unsicherheit, Aggression oder Verständnis
c) je nach Situation Freude oder Misstrauen

9 Welcher Körpertyp ist hier abgebildet?

a) Der Körpertyp ist eher der Macher.
b) Der Körpertyp ist eher der Zwischenmenschliche.
c) Der Körpertyp ist eher der Genaue.

10 Wie reagieren Sie, wenn Sie mit einem eher schüchternen Kunden sprechen?

a) Ich spreche laut und deutlich und verbreite eine entspannte Stimmung, damit der Kunde seine Schüchternheit verliert.
b) Ich vermittle ihm Sicherheit und Ruhe und komme ihm körperlich nicht zu nahe.
c) Ich spreche leise und spiegle ihn körperlich.

11 Was strahlt eine aufrechte und entspannte Körperhaltung aus?
   a) Kompetenz, Präsenz und Vertrauen
   b) Neutralität
   c) Präsenz, Kompetenz und Authentizität

12 Wie lauten die drei W-Fragen, mit denen Sie Ihre Handlungsmotive hinterfragen?
   a) Wer bin ich, was brauche ich, warum will ich?
   b) Woher komme ich, wo bin ich, wohin gehe ich?
   c) Wer bin ich, was tue ich, warum und wozu tue ich etwas?

13 Wenn Sie das Instrument der Vorstellungskraft verfeinern und entwickeln, können Sie ...
   a) besser in Situationen agieren und reagieren, Menschen führen und die richtige Entscheidung treffen.
   b) sich in das Gegenüber versetzen und seine Emotionen beeinflussen.
   c) Mitarbeiter besser einschätzen, beurteilen und motivieren.

14 Der Schlüssel für ein motivierendes Handeln ist ...
   a) Ihre äußere Haltung und Selbstvertrauen.
   b) Klarheit über die innere Haltung, denn nur echte Körpersignale wirken motivierend.
   c) eine vertrauensvolle Umgebung und Authentizität.

15 Wenn Sie in ein Vorstellungsgespräch gehen, achten Sie darauf, dass Sie ...

a) nie als Erster die Hand zur Begrüßung ausstrecken und während des Gesprächs wenige Gesten benutzen, um nicht negativ aufzufallen.
b) energisch und fröhlich auftreten und viel über Ihre Kompetenz erzählen.
c) eine entspannte und aufrechte Sitzhaltung einnehmen und einen offenen und direkten Blickkontakt halten.

16 Um Erfolg im Beruf zu haben, sollten Sie ...

a) Ihre Gefühle im Zaum halten, denn sachlich zu handeln, ist im Berufsalltag die wichtigste Regel.
b) Emotionen immer zulassen – nur so wirken Sie überzeugend.
c) Emotionen wahrnehmen und je nach Situation dem Gesprächspartner offen kommunizieren.

17 Was können Sie von Schauspielern lernen und auf Ihren Berufsalltag übertragen?

a) Status wahrnehmen, Präsenz entwickeln und im Alltag gut spielen.
b) Wahrnehmungsfähigkeit schulen, Präsenz entwickeln und innere Haltung klären.
c) Wahrnehmung schulen, immer den Raum dominieren und präsent sein.

18 Wenn Sie vor Ihren Mitarbeitern oder Kollegen präsentieren, denken Sie daran, dass ...

a) Sie den Augenkontakt zur ersten Reihe halten.
b) das Gesagte mit Ihrer Körpersprache übereinstimmt.
c) die Körpersprache nie lügt, deshalb sind die gesprochenen Worte weniger wichtig.

19 Was unterstützt unter Kollegen die Teamarbeit?

a) Konflikte im Team wahrnehmen und aktiv ansprechen, Hilfe- oder Ärgersignale frühzeitig erkennen, bei Besprechungen wirklich zuhören und alle Teilnehmer integrieren.
b) Ideen annehmen und weiterentwickeln, Konflikte ansprechen und offene Gruppen meiden.
c) Konflikte im Team wahrnehmen und aktiv ansprechen, bei Besprechungen mit hochgezogenen Augenbrauen Interesse signalisieren, Hilfe- und Ärgersignale eher telefonisch klären, da es sonst zu intim wird.

20 Wie reagieren Sie, wenn Ihr Mitarbeiter bei einem Gespräch mit Ihnen die auf dem Foto abgebildete Sitzhaltung zeigt?

a) Sie sprechen weiter und merken sich seine negative Haltung.
b) Sie fragen nach, ob ihn etwas stört.
c) Verschränkte Arme bedeuten nichts Negatives.

21 An welchen körpersprachlichen Signalen können Sie erkennen, dass Ihr Kunde wahrscheinlich noch nicht überzeugt ist?

a) Verschränkte Arme, ein nach unten gesenkter Kopf, die Hand ständig im Gesicht
b) Hände hinter dem Kopf verschränkt und übereinandergeschlagene Beine
c) Hände auf die Oberschenkel aufgestützt, hochgezogene Schultern, Lächeln

22 Sie sind die neue Führungskraft und wollen kompetent und selbstbewusst wirken, also nehmen Sie die folgende Körperhaltung ein:

a) entspannt, z. B. Hände in den Hosentaschen
b) gespannt und direkt
c) entspannt und aufrecht

23 Der erste Eindruck ist deshalb so wichtig, weil ...

a) Ihr Gegenüber im ersten Augenblick vor allem die körpersprachlichen Signale wahrnimmt und Sie Ihren Auftritt positiv gestalten können.

b) Sie Ihren Auftritt inszenieren und so das Gespräch klar steuern können.

c) Ihr Gesprächspartner nur die positiven Seiten von Ihnen kennenlernt.

24 Wie vermeiden Sie eine konfrontative Sitzordnung im Mitarbeitergespräch?

a) Sie versuchen den Gesprächspartner zu spiegeln.

b) Sie sprechen die Sitzordnung an.

c) Sie setzen sich am Tisch über Eck.

25 Wenn Ihr Vortrag zu Ende ist, ...

a) verlassen Sie sofort die Bühne und nur wenn die Zuschauer lange applaudieren, kommen Sie zurück.

b) freuen Sie sich über den Applaus und nehmen ihn aktiv entgegen, indem Sie auf der Bühne stehen bleiben, sich bedanken und dann weggehen.

c) bleiben Sie ganz ruhig stehen und warten etwa fünf Sekunden lang, dann verlassen Sie die Bühne ganz langsam, aufrecht und lächelnd.

26 Der „königliche Auftritt" bedeutet, ...

a) vom Zuschauerraum aus auf die Bühne zu gehen.

b) von links aufzutreten.

c) vom Bühnenhintergrund aus in die Mitte der Bühne zu kommen.

27 Welche vier Elemente beeinflussen die Körpersprache?

a) Denken, Fühlen, Wahrnehmen und Körperhaltung
b) Wahrnehmen, Denken, Fühlen und innere Haltung
c) Denken, Wahrnehmen, Motivation und Emotion

28 Das Interpretieren der Körpersprache ist ...

a) jedem Menschen angeboren.
b) wie das Lesen eines Alphabets, da die einzelnen Körpersignale klar zu deuten sind.
c) ein komplexer Vorgang, in welchem die gesamte Situation einer Person beachtet werden sollte.

29 Im Tiefstatus können Sie ...

a) auf einen dominanten Kunden reagieren.
b) Mitarbeitergespräche führen.
c) zum Bewerbungsgespräch gehen.

Lösungen

1. b
2. c
3. c
4. a
5. b
6. a
7. c
8. a
9. b
10. b
11. a
12. c
13. a
14. b
15. c
16. c
17. b
18. b
19. a
20. b
21. a
22. c
23. a
24. c
25. b
26. c
27. b
28. c
29. a

Stichwortverzeichnis

Bibliografische Information der Deutschen Nationalbibliothek
Die Deutsche Nationalbibliothek verzeichnet diese Publikation in der Deutschen Nationalbibliografie; detaillierte bibliografische Daten sind im Internet über http://dnb.dnb.de abrufbar.

Print: **ISBN 978-3-648-06772-7, Bestell-Nr. 01305-0003**
ePDF: **ISBN 978-3-648-06773-4, Bestell-Nr. 01305-0152**

3., durchgesehene Auflage 2015

Redaktionsanschrift: Fraunhoferstraße 5, 82152 Planegg
Fon: (0 89) 8 95 17-0, Fax: (0 89) 8 95 17-2 50
E-Mail: online@haufe.de
Internet www.haufe.de
Redaktion: Jürgen Fischer
Redaktionsassistenz: Christine Rüber

Umschlaggestaltung: Kienle gestaltet, Stuttgart
Umschlagentwurf: RED GmbH, Krailling
Fotos im Innenteil: Tom Pingel, Stuttgart
Druck: BELTZ Bad Langensalza GmbH, Bad Langensalza

Zur Herstellung der Bücher wird nur alterungsbeständiges Papier verwendet

Die Autoren

Tiziana Bruno

ist Schauspielerin, Trainerin und Moderatorin. Sie gehörte zehn Jahre lang zur Geschäftsführung eines der führenden Unternehmenstheater in Deutschland und wurde mit internationalen Preisen ausgezeichnet. Seit 2008 ist sie Geschäftsführerin von Business Class – Bühne für Kommunikation.

Gregor Adamczyk

ist Theaterregisseur, Drehbuchautor und Trainer. Er hat u.a. am Residenztheater in München inszeniert und für die ARD und den SWR geschrieben. Er realisiert seit 1996 Theaterprojekte für Unternehmen sowie Inszenierungen von Events und Präsentationen. Seit 2008 ist auch er Geschäftsführer von Business Class – Bühne für Kommunikation.

Das Unternehmenstheater „Business Class" entwickelt interaktive Trainings und führt diese durch, es moderiert und gestaltet Großgruppenveranstaltungen für Mitarbeiter und Führungskräfte. Schwerpunkte sind dabei die Bereiche Kommunikation, Führung, Vertrieb und Veränderungsmanagement.

Kontakt:
Email: bruno@die-businessclass.de
Email: adamczyk@die-businessclass.de
www.die-businessclass.de

Weitere Literatur

„Körpersprache und Rhetorik – Ihr souveräner Auftritt", von Tiziana Bruno, Gregor Adamczyk, Wolfgang Bilinski, 351 Seiten, EUR 14,95.
ISBN 978-3-648-05231-0, Bestell-Nr. 00455

„PowerAct – Ihr starker Auftritt. Sich selbstbewusst und ausdrucksstark präsentieren", von Karin Seven, 224 Seiten, EUR 24,95.
ISBN 978-3-648-06674-4, Bestell-Nr. 01370

„Sich durchsetzen", von Gianna Possehl, Frank Kittel, Tiziana Bruno, Gregor Adamczyk, 285 Seiten, EUR 14,95.
ISBN 978-3-648-05234-1, Bestell-Nr. 00387

„Durchsetzungsstärke – eBook active", von Tiziana Bruno und Gregor Adamczyk, interaktives E-Book (optimiert für iPad), EUR 12,99.
ISBN 978-3-648-04615-9, Bestell-Nr. 01649

„Storytelling – mit Geschichten überzeugen", von Gregor Adamczyk, 128 Seiten, EUR 6,95.
ISBN 978-3-648-04983-9, Bestell-Nr. 00999